op sulcken karen word Het go
London over Straet gebrack

Diß schreib ich zu immer werender
gedechtnis zu Lunden den 23 april
Anno 16 16
Bernhardt Wilhelm von Weßbach

James I of Great Britain

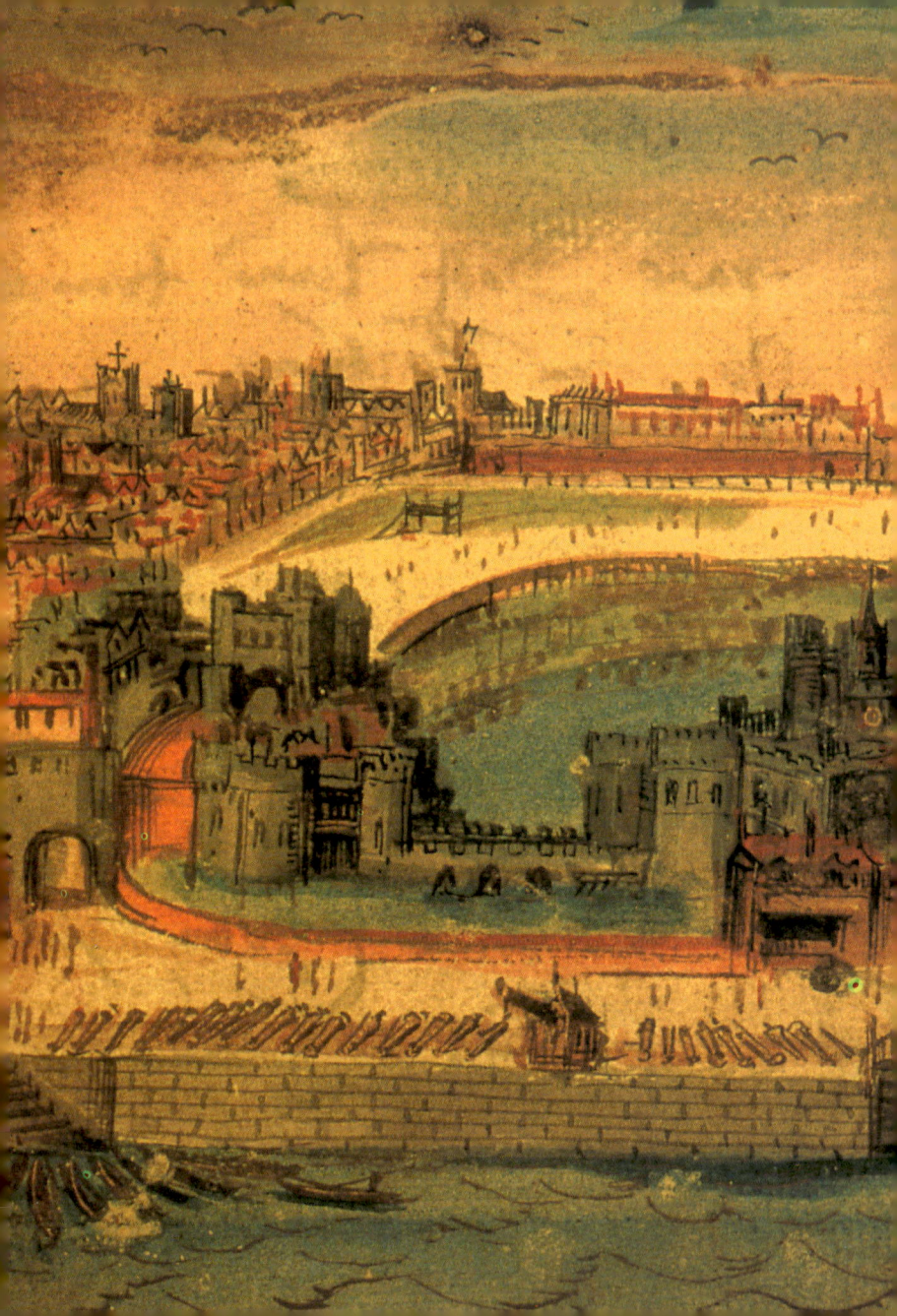

Een Porter ofte
Arbey der van London

François Laroque ist Professor für englische Literaturwissenschaft an der Neuen Sorbonne, Paris III. Als Shakespeare-Spezialist ist er Mitglied des Centre d'études et de recherches élisabéthaines an der Universität Paul-Valéry in Montpellier und hat verschiedene Artikel über das Theater Shakespeares, über das Denken und die Volkskunst im Elisabethanischen England verfaßt.

Deutsche Textfassung: Johanna Enzler
Wissenschaftliche Bearbeitung und Konzeption
„Zeugnisse und Dokumente": Prof. Dr. Raimund Borgmeier

Die Deutsche Bibliothek – CIP-Einheitsaufnahme

Shakespeare François Laroque.
[Dt. Textfassung: Johanna Enzler. Wiss. Bearb.: Raimund Borgmeier.
Red. der dt. Fassung: Ursula Behrendt-Roden]. –
Dt. Erstausg. – Ravensburg: Maier, 1994
(Abenteuer Geschichte; 41) (Ravensburger Taschenbuch)
Einheitssacht.: Shakespeare – comme il vous plaira <dt.>
ISBN 3-473-51041-6
NE: Laroque François; Borgmeier, Raimund [Bearb.];
Behrendt-Roden, Ursula [Red.]; EST; 1. GT

ABENTEUER GESCHICHTE

Deutsche Erstausgabe als Ravensburger Taschenbuch
© 1994 Ravensburger Buchverlag Otto Maier GmbH

Die Originalausgabe erschien unter dem Titel
„Shakespeare – Comme il vous plaira"
© 1991 Editions Gallimard, Paris

Redaktion der deutschen Fassung: Ursula Behrendt-Roden

Alle Rechte dieser Ausgabe vorbehalten durch
Ravensburger Buchverlag Otto Maier GmbH
Satz: Eduard Weishaupt, Meckenbeuren
Printed in Italy by Soc. Editoriale Libraria

5 4 3 2 1   98 97 96 95 94

ISBN 3-473-51041-6

SHAKESPEARE

François Laroque

Ravensburger Buchverlag

ERSTES KAPITEL

SHAKESPEARES GEBURTSORT:
STRATFORD-UPON-AVON

Daß Shakespeare ein vielseitiges Genie ist, wird heute niemand mehr bestreiten. Doch im England des 16. Jahrhunderts war er zunächst nur der durchschnittlich gebildete Sohn eines Handschuhmachermeisters aus Stratford. Das Leben in der Stadt, die Traditionen auf dem Land, die Volksbelustigungen in seiner Jugend sind ebenso wie die Geschichte der Könige und Herren der Stoff, aus dem seine Werke sind.

Im 16. Jahrhundert ist das Theater eine beliebte Unterhaltung, zu der die Bauern gerne kommen, wenn Jahrmärkte oder Feste sind. Wie jede Kleinstadt nimmt auch Stratford fahrende Truppen auf.

Etwa im Jahr 1550 kommt ein gewisser John Shakespeare vom Nachbardorf Snitterfield, wo sein Vater Richard Shakespeare ein wohlhabender Bauer war, nach Stratford und läßt sich dort als Handschuhmacher nieder. Im Jahre 1557 heiratet er Mary Arden, die jüngste der acht Töchter von Robert Arden aus Wilmcote. Arden ist der Name einer reichen Familie aus der Grafschaft Warwickshire. So heißt auch ein Wald in der Gegend von Stratford, der sich in der pastoralen Komödie *Wie es Euch gefällt* * von 1599 wiederfindet.

Stratford-upon-Avon liegt in einem waldreichen Tal. Die friedliche Handelsstadt, die für ihre Jahrmärkte berühmt ist, liegt zwei Tagesreisen zu Pferd von London entfernt. In unmittelbarer Nähe liegen die großen Städte der Midlands wie Worcester, Warwick und Oxford.

Der Name Stratford, der etymologisch „die Straße, welche die Furt überquert" bedeutet, erinnert bereits an die strategisch günstige Lage.

Aus dem 13. Jahrhundert stammen die beiden Kirchen in Stratford, die Pfarrkirche zur Heiligen Dreifaltigkeit

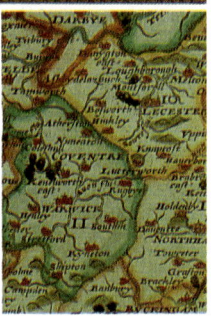

Im Herzen Englands liegt „der Königsthron hier, dies gekrönte Eiland, dies Land der Majestät, der Sitz des Mars, dies zweite Eden, halbe Paradies" *(Richard II.)*, die Stadt Stratford-upon-Avon in der Grafschaft Warwickshire.

und die Kapelle der Bruderschaft des Heiligen Kreuzes.
An die Kapelle war eine Schule angeschlossen, die unter
Eduard VI. zur höheren Schule geworden ist („the King's
New School"). Darüber hinaus gibt es in Stratford eine
schöne Steinbrücke, die im Jahre 1490 von Sir Hugh

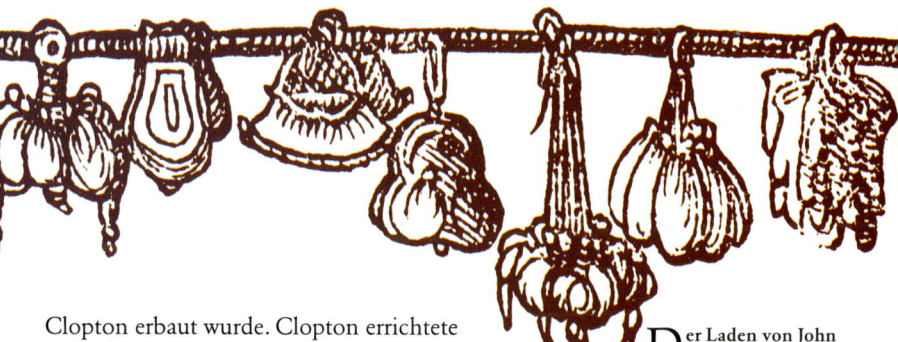

Clopton erbaut wurde. Clopton errichtete
auch das Haus New Place, das Shakespeare
später kaufen sollte.

John Shakespeare gelangt in Stratford zu Ansehen
und Wohlstand: 1557 ist er Stadtrat, 1565 Schöffe, und
1568 übernimmt er das Amt eines Vogts, das höchste der
Stadt, d. h. er ist Vorsteher der Gilde. Sieben Jahre später
kauft er für die Summe von 40 Pfund Sterling
zwei Häuser. Eines davon ist wahrscheinlich das in der Hen-
ley Street. Im fol-
genden Jahr ersucht
er erfolglos um ein
Wappen und
um den Titel
eines „gentle-
man". Seinem
sozialen Auf-
stieg folgt nun
ein abruptes
Ende.

Im Jahre
1577 werden
ihm Geldstra-
fen auferlegt,
und seine
Schulden
häufen sich,

Der Laden von John
Shakespeare lag im
Westflügel des Hauses
in der Henley Street und
war unter dem Namen
„woolshop" (Wollge-
schäft) bekannt. Dies
weist darauf hin, daß
John neben seinem Beruf
als Handschuhmacher
auch Handel trieb. Auf
dem zeitgenössischen
Stich (unten) ist ein
Handwerker abgebildet,
der Handschuhe und
Lederbeutel herstellt.
Der junge Shakespeare
vergißt die Berufstradi-
tionen seiner Familie
nicht, wie viele der Bil-
der und Symbole in sei-
nem Werk zeigen: „Eine
Redensart ist nur ein
lederner Handschuh für
einen witzigen Kopf!
Wie geschwind kann
man die verkehrte Seite
herauswenden!"
Was Ihr Wollt (III, 1)

---

*alle Stücke Shake-
speares u. a. sind *kursiv*
gesetzt, *kursive Begriffe*
siehe Glossar Seite 181.

was ihn dazu zwingt, den Besitz seiner Frau mit einer Hypo-
thek zu belasten. Aus rätselhaften Gründen nimmt er nicht
mehr an den Zusammenkünften der Gilde teil, aus der er

Der datierte Eintrag
ins Kirchenbuch ist
das erste sichere Zeug-
nis über Shakespeare.

dann 1586 ausgeschlossen
wird. Er geht auch nicht
mehr zur Kirche, vermut-
lich aus Angst, dort seine
Gläubiger zu treffen …

Die Jugendjahre

Der Eintrag vom 26. April
1564 im Kirchenbuch von
Stratford lautet: „Gulielmus
filius Johannes Shake-
speare", Wilhelm oder
William, Sohn von John
Shakspere. Er ist das dritte
der acht Kinder von John
und Mary Shakespeare
und ihr erster Sohn. Seine
Geburt am 23. April in
einem kleinen Haus in der
Henley Street fällt bezeich-
nenderweise auf das Fest
des Heiligen Georg, des
Nationalheiligen Englands.

Der junge William geht in Stratford zur Schule. Mit
Hilfe einer Abc-Fibel („hornbook") wiederholten die Kinder
im Alter von etwa vier bis fünf Jahren das Alphabet, übten
anhand eines Katechismus lesen und lernten lateinische
Sinnsprüche auswendig.

In seinem Werk macht Shakespeare oft rückblickend
die Lehrmeister lächerlich, so z. B. den Besserwisser Holo-
fernes in *Liebes Leid und Lust* oder den Doktor Evans in der
denkwürdigen und obszönen Lateinstunde in *Die lustigen*

Der Schulmeister zu
Elisabeths Zeiten,
von seinen Schülern
umgeben: Die auffällige
Überproportionierung
läßt auf den Respekt
schließen, den dieser
furchterregende „abece-
darius" bei seinen Schü-
lern erzeugt haben muß.

Weiber von Windsor. Mit der Rede von Jaques über die sieben Lebensalter in *Wie es Euch gefällt* weckt er auch Erinnerungen an sein Schülerdasein, wo er „wie die Schnecke ungern

In seinen Komödien macht sich Shakespeare über die Schulmeister lustig, so in der absurden Lateinstunde mit Sir Hugh Evans:

zur Schule kriecht". Sein Tagespensum: von sechs Uhr morgens bis fünf Uhr abends. Später, in der „grammar school", die William von seinem 11. Lebensjahr an besucht, müssen die Schüler neben Grammatik, Logik und Rhetorik auch weiterhin Latein und Griechisch anhand der Lektüre von klassischen Werken lernen. Im Gegensatz zu den meisten zeitgenössischen Londoner Dramatikern hat Shakespeare keine Universitätsbildung absolviert. Doch zu dieser Zeit kann ein guter, wissensdurstiger Schüler einer „grammar school" ein ausgezeichneter Autodidakt sein, und genau dies trifft für den begabten Handschuhmachersohn zu. Shakespeares Begeisterung für die Sprache, seine dramaturgische Begabung sowie sein ungeheurer Arbeitseifer und persönlicher Ideenreichtum wirken zusammen, so daß er ein bedeutendes, zeitloses Werk schaffen kann, ohne die Privilegien einer adligen Abstammung oder einer akademischen Ausbildung genossen zu haben.

EVANS: Was ischt Lapis, Wilhelme?
WILHELM: Ein Stein.
EVANS: Und was ischt also ein Stein, Wilhelme?
WILHELM: Ein Kiesel.
EVANS: Nein, 's ischt Lapis; erinnere tas in teinem Hirnkasten, Wilhelme, ich pitte dich.
Die lustigen Weiber von Windsor (IV, 1)

Das Handbuch ... *Einführung in die Grammatik* (1607) vermittelt William die ersten Lateinkenntnisse. Die weiblichen Gestalten stellen die Künste des „trivium" und „quadrivium" dar.

Die ländliche Welt, die Jahreszeiten und Zyklen des Lebens

Shakespeare entstammt dem Bauernstand und bezieht sich auch in seinen Stücken oft auf die Natur. Die Szene von Ophelias Tod in *Hamlet*, als das junge, vom Wahnsinn gepackte Mädchen Blumen und Gräser um sich streut, ist eine berühmte Stelle, in der die Symbolik der Blumen eine zentrale Rolle spielt. In Stücken wie *Romeo und Julia, Ein Sommernachtstraum, Othello, Das Wintermärchen* oder selbst in der Bildersprache der Sonette dienen die Rose, Gräser und das Herbstlaub dazu, den Zyklus der Jahreszeiten zu verdeutlichen.

Häufig ist es in Shakespeares Werken die Lerche, die den Morgen ankündigt, oder die Nachtigall, die die Nacht besingt. In *Macbeth* gibt es vorwiegend Nachtvögel, Eulen und Fledermäuse, Raubvögel, Geier, Falken und Rabenvögel. Auch Schlangen, Igel und Insekten sind hier zu finden. Sie nutzt er oft als Metaphern für Körper und Kleidung der Feen, etwa in *Ein Sommernachtstraum* und in *Romeo und Julia*.

Shakespeares Tierwelt umfaßt auch die Welt der Jagd mit ihren verschiedenen Arten von Wild: Hasen, Wildschweine, Rehe und Hirsche, sowie die Horden von Hunden, die auf sie gehetzt werden. In *Wie es Euch gefällt* wird Jaques, der Moralist des Stücks, durch das eindrucksvolle Bild des tödlich verletzten Hirschs zu einer leidenschaftlichen Klagerede inspiriert.

Neben der einfachen ländlichen Tierwelt führt Shakespeare noch wilde Tiere oder Fabeltiere vor.

B erühmte Bücher über Pflanzen wie das von John Gerard beinhalten viele Illustrationen von Heilkräutern und Blumen, deren Eigenschaften detailliert beschrieben sind. Diese Bildmotive ziehen sich auch durch Shakespeares Werk.

WIRTIN: Ich bin
kein Ding, wo-
für man Gottes
Lohn sagt (…)
du bist ein
Schuft, daß du
mich so nennst.
FALSTAFF: (…)
du bist eine
Bestie (…)
WIRTIN: Was für
eine Bestie? Sag,
du Schuft, du!
FALSTAFF: Was
für eine Bestie?

Er erwähnt Rhinozerosse,
Tiger, Elefanten und Bären.
Ebenso zitiert er Tiere
aus dem Märchen
wie das Ein-
horn, den
Phönix oder
den Drachen.

Nun, eine Otter.
PRINZ HEINRICH:
Eine Otter, Sir John!
Warum eine Otter?
FALSTAFF: Warum? Sie
ist weder Fisch noch
Fleisch, man weiß nicht,
wo sie zu haben ist.
Heinrich IV.
(1. Teil; III, 3)

In seinen Historien zieren die Figuren aus der Heraldik die Wappen der Adeligen: Der Bär ist das Emblem der Warwicks, das Wildschwein das des Hauses York.

In der Vorstellungswelt der Elisabethanischen Zeitgenossen bilden die Tiere eine Hierarchie: Der Löwe, der Adler und der Delphin sind mit dem himmlischen und göttlichen Königtum verbunden. Esel, Schwein, Ziegenbock, Ratte und Affe, die unreinen Tiere, sind dagegen Embleme der Unzucht.

Durch den Einfluß von Theologen, Experten in Fragen der Dämonologie, wird es im Mittelalter üblich, Bezüge zwischen der Frau und der Schlange herzustellen.

Man stützt sich dabei vor allem auf die Episode der Verführung Adams durch Eva im Buch Genesis und auch darauf, daß nach der Vier-Temperamentenlehre sowohl die Frau als auch die Schlange als „feucht" und „kalt" charakterisiert werden.

Hexen werden von ihren Schutzgeistern begleitet, d. h. von teuflischen Geistern, die Tiergestalt angenommen haben. Im allgemeinen

B unte Schlangen, zweigezüngt! Igel, Molche, fort von hier! Daß ihr euer Gift nicht bringt in der Königin Revier!
Ein Sommernachtstraum (II, 2)

A ls Macbeth während des Banketts für seine Vasallen glaubt, den blutüberströmten Kopf Duncans zu sehen, den er gerade durch seine Schergen umbringen ließ, versucht er dieser Vision zu trotzen, indem er sie unter anderem mit einem „geharn'-schten Rhinozeros" vergleicht.
Macbeth (III, 4)

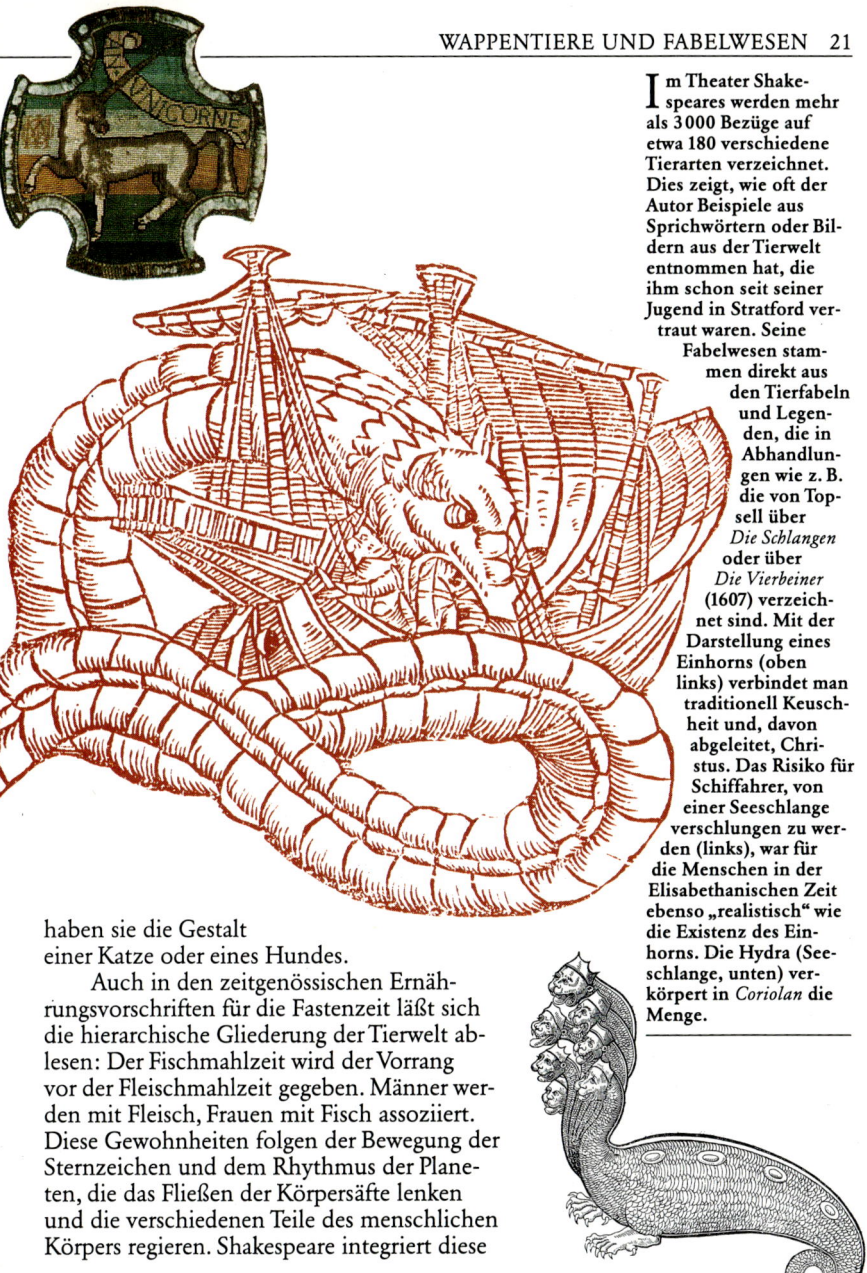

Im Theater Shakespeares werden mehr als 3000 Bezüge auf etwa 180 verschiedene Tierarten verzeichnet. Dies zeigt, wie oft der Autor Beispiele aus Sprichwörtern oder Bildern aus der Tierwelt entnommen hat, die ihm schon seit seiner Jugend in Stratford vertraut waren. Seine Fabelwesen stammen direkt aus den Tierfabeln und Legenden, die in Abhandlungen wie z. B. die von Topsell über *Die Schlangen* oder über *Die Vierbeiner* (1607) verzeichnet sind. Mit der Darstellung eines Einhorns (oben links) verbindet man traditionell Keuschheit und, davon abgeleitet, Christus. Das Risiko für Schiffahrer, von einer Seeschlange verschlungen zu werden (links), war für die Menschen in der Elisabethanischen Zeit ebenso „realistisch" wie die Existenz des Einhorns. Die Hydra (Seeschlange, unten) verkörpert in *Coriolan* die Menge.

haben sie die Gestalt einer Katze oder eines Hundes.

Auch in den zeitgenössischen Ernährungsvorschriften für die Fastenzeit läßt sich die hierarchische Gliederung der Tierwelt ablesen: Der Fischmahlzeit wird der Vorrang vor der Fleischmahlzeit gegeben. Männer werden mit Fleisch, Frauen mit Fisch assoziiert. Diese Gewohnheiten folgen der Bewegung der Sternzeichen und dem Rhythmus der Planeten, die das Fließen der Körpersäfte lenken und die verschiedenen Teile des menschlichen Körpers regieren. Shakespeare integriert diese

Vorstellungen in die Symbolik und Mentalität der Charaktere seiner Stücke.

Durch alle diese Bilder, die der Natur entlehnt sind, wird die dramatische Sprache bereichert und die Wirklichkeitsnähe verstärkt, die durch die Ansammlung vieler konkreter Details entsteht. Das Theater ist der Spiegel der Welt, eine Miniaturausgabe ihrer bunten und überreichen Vielfalt.

Shakespeare verliert nie den Kontakt zu Legenden und Balladen, zur Kultur des Volkes und der Welt der mündlichen Überlieferung. Seine ländlichen Szenen sind oft sehr wirklichkeitsnah, so z. B. der Dialog der Stallknechte, der dem Angriff auf die Pilger durch Falstaff und seine Bande in Gadshill (*Heinrich IV.*, 1. Teil) vorausgeht, oder das Fest der Schafschur im 4. Akt von *Das Wintermärchen*. Die Erinnerung an die Jahrmärkte und Märkte, wo die Pferdehändler die Tiere prüfen und Kaufleute über den Wollpreis verhandeln, fließt an sehr vielen Stellen in sein Werk ein und verleiht diesem Lebendigkeit und Realitätsnähe.

Der Besuch der Königin

Der junge William schenkt den Volksbelustigungen und traditionellen Festen große Aufmerksamkeit. So verfolgt er auch interessiert die Wanderschauspieler, die durch die Stadt ziehen. Da Stratford geographisch günstig liegt, besuchen viele

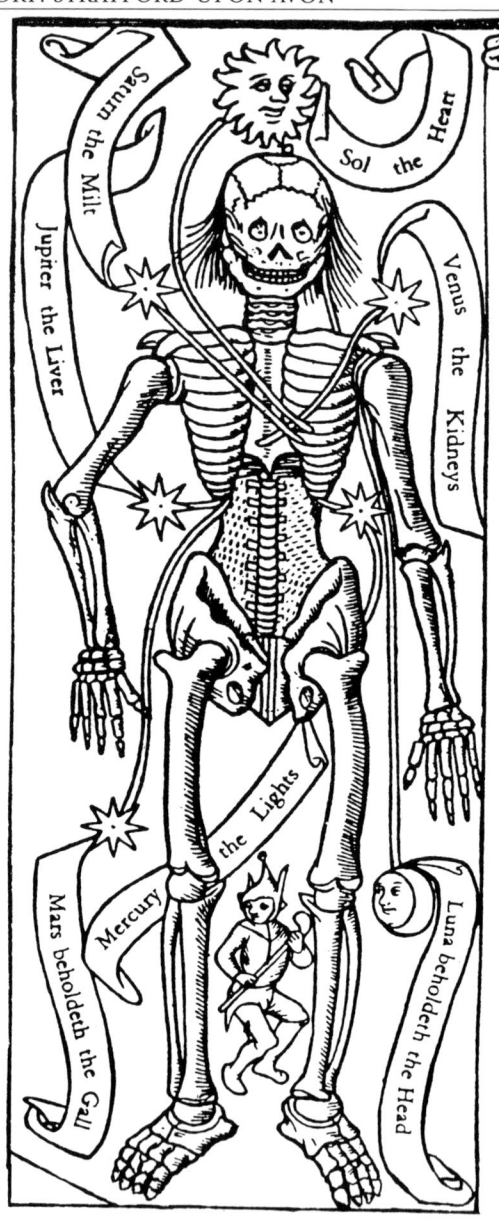

Das Leben der Menschen ist zu Shakespeares Zeiten noch in traditionelle Gesellschaftsstrukturen eingebunden, ob es sich dabei um die pompöse Ankunft der Königin bei einem Besuch in der Provinz (links) handelt oder um den Verkauf von Gänsen durch eine Bäuerin.

Der Stich aus dem *Großen Jahrbuch und Kalender der Schäfer* (1493) von Guy Marchant (links) stellt den Einfluß der Planeten auf die verschiedenen Körperteile dar. Der Narr zwischen den Beinen des Skeletts ist ganz im Sinne der moralisch-didaktischen Schauspiele des 15. Jahrhunderts (morality plays).

bekannte Theatertruppen die Stadt: die des Grafen von Leicester in den Jahren 1573 und 1576, die von Lord Strange im Jahre 1579, später die Truppe des Grafen von Essex im Jahre 1584 und die der Königin im Jahre 1587. Außerordentlicher Höhepunkt des gesellschaftlichen Lebens ist jedoch zweifellos der Besuch der Königin selbst. Im Juli 1575 begibt sich Elisabeth I. samt Hofstaat auf Einladung des Grafen von Leicester mit großem Pomp ins Schloß Kenilworth, ganz in der Nähe von Stratford. Das prachtvolle Fest dauert drei Wochen. Den Bewohnern der umliegenden Ortschaften werden Freiluftaufführungen dargeboten.

Gemäß der Festtradition der Renaissance wird die höfische Gesellschaft jeden Tag und jeden Abend mit raffiniertem Zeitvertreib, mythologischen Szenen oder Feuerwerken unterhalten. Hier hat Shakespeare reichlich Gelegenheit, sich die Grundelemente anzueignen, die den Zauber einer Theatervorstellung ausmachen.

Volkstheater, Prozessionen und Mysterienspiele

Seit der Reformation werden die Feste und religiösen Bräuche immer weniger beachtet und zudem stark vereinfacht. Außerdem stoßen sich die Puritaner an den alten Festen, die mit einer fast heidnischen Interpretation der Jahreszeiten verbunden sind. Das Aufstellen eines Maibaums *(May pole)* und der traditionelle Moriskentanz *(Morris dance)* werden nun ebenso öffentlich beanstandet wie das zügellose Wiederaufleben heidnischer Bräuche und die Verbreitung von Satanskulten.

In seiner *Anatomie der Mißbräuche*, erschienen 1583, betrachtet der puritanische Pamphletautor Philip Stubbes diese altüberlieferten Feste und Frühlingsfeiern als teuflische Riten. Der blumengeschmückte Maibaum, der auf den Plätzen oder auf den Straßen aufgestellt wurde, wird von verärgerten Puritanern gefällt; über die Dorfbewohner, die für schuldig befunden werden, Bäume oder Äste aus dem Staatswald gestohlen zu haben, prasselt eine wahre Flut von Strafen; selbst das Spielzeug-

Moriskentänzer
bei Richmond an
der Themse

Bei einem Besuch der
Königin in Elvetham
im Jahre 1591 gibt man
ein Wasserfest auf einem
mondsichelförmigen
See, der an die Göttin
Diana erinnern soll. Die
Königin (links) ist vom
Hofstaat umgeben und
betrachtet die Szene von
einem Thron aus, über
den ein Baldachin ge-
spannt ist.

Steckenpferd wird so lange schlecht-gemacht, bis es aus den Volksbräu-chen verschwindet.

Die alten Fruchtbarkeitsriten leben jedoch in „Mummenschän-zen" *(Mummers' plays)* fort, die zu Weihnachten und Ostern aufge-führt werden. Im Verlauf eines die-ser Stücke wird der wackere Sankt Georg beim Kampf gegen einen Riesen oder gegen einen türkischen Ritter getötet. Mit Hilfe eines Zaubertranks erhält er das Leben zurück und triumphiert schließlich über seinen Feind. Einen solchen Opfertod und die Wiederauferstehung des Helden findet man auch in den Mysterienspielen des Mittelalters (mystery plays). Auf fahrenden Bühnenwagen stellt man Szenen des Alten und Neuen Testaments dar.

Die Aufführungen finden am Tag des Fronleichnamsfestes statt. Fron-leichnam wurde im Jahre 1264 von Papst Urban IV. eingesetzt und war das letzte der bewegli-chen Feste im kirchlichen Jahr. Es liegt zwischen dem 21. Mai und dem 24. Juni, in einer Jahreszeit, wenn die Sonne lang genug scheint, um die Ver-anstaltung noch bei Tageslicht vollstän-dig über die Bühne zu bringen.

In den Mum-menschanz-Stücken gibt es Charaktere mit schwülstiger Sprache, wie etwa Herodes; dies wird von Hamlet ironisch betont, wenn er einen seiner Schau-spieler beschreibt als

Die Puritaner zögern nicht, in ihren schar-fen Pamphleten die heid-nischen Feste als satani-sche Spiele darzustellen (unten feiern Morisken-tänzer unter dem blu-mengeschmückten und gekrönten Maibaum; oben ein Steckenpferd). Links abgebildet ist das Fresko des Jüngsten Gerichts aus der Kapelle der Bruderschaft vom Hl. Kreuz in Strat-ford. Während der Reformation wurde dieses Fresko als für die Erbauung der Gläubigen wenig geeignet er-achtet und über-tüncht.

Im Winter gibt es in den Häusern der Adligen Bankette oder Saalspiele. Es ist Brauch, daß Schauspieler und Possenreißer während der Weihnachtsfeiern plötzlich dort erscheinen. Sie verleihen den Festen einen gewissen improvisierten Charakter, indem sie aus dem Stegreif Szenen spielen und ein Ständchen geben. Auf diesem Aquarell sieht man, wie die Masken ankommen; es erinnert an den Anfang von *Romeo und Julia* (I, 2–4), wo Romeo, Mercutio und ihre Freunde beschließen, maskiert an dem Ball von Capulet teilzunehmen:

CAPULET (zum Grafen Paris): Ich gebe heut ein Fest, von alters hergebracht, / Und lud darauf der Gäste viel zu Nacht, / Was meine Freunde sind (…) / In meinem armen Haus sollt Ihr des Himmels Glanz / Heut nacht verdunkelt sehn durch ird'scher Sterne Tanz. / (…)

Romeo, Mercutio und Benvolio kommen mit fünf oder sechs anderen Masken, Fackelträgern und anderen herein…

den, der „den Tyrannen [Herodes] übertyrannt" (*Hamlet* III, 2, 14). Darüber hinaus beinhalten diese Aufführungen temperamentvolle Szenen, wie etwa das Gezänke zwischen Noah und seiner Frau. Oft spiegeln die Stücke Alltagssituationen wider und bieten reichlich jenen zweideutig schlüpfrigen Humor, den die zeitgenössischen Zuschauer lieben. Insbesondere die Figuren der Teufel sorgen für derbe Komik und garantieren entsprechendes Gelächter und zügellosen Tumult im Publikum.

Im 15. Jahrhundert bewirken die Moralitäten *(morality plays)* eine Verweltlichung des religiösen Inhalts, indem sie ihn auf allegorische Weise mit Figuren darstellen, die Jedermann, Barmherzigkeit, Wahnsinn, Vergnügen usw. heißen. Ein Stück wie *Die Burg der Standhaftigkeit* wird von Wanderschauspielern gezeigt, die in Schlössern oder Rathäusern spielen oder irgendwo ihre Bretter aufbauen wie heute die Zirkusse ihre Zelte.

Eine andere Art des Schauspiels sind die *Interludien* (z. B. *Fulgentius und Lukrez*), die den Moralitäten verwandt sind und während der Pausen eines Banketts aufgeführt werden.

In oft obszöner oder zotiger Spielweise, die von Possenreißern, den sogenannten Vice-Figuren, noch besonders betont wird, werden z. B. lange Debatten zum Thema Heirat vorgetragen.

Der Prunk der City

Die *pageants* sind im mittelalterlichen England ursprünglich Spektakel mit religiösem Hintergrund. Nach der Reformation weichen diese traditionell religiösen Prozessionen bürgerlichen Umzügen, etwa denen zu Ehren des hl. Georg (23. April), des hl. Johannes (24. Juni) oder auch dem des Lord-Mayor am 29. Oktober, der auch heute noch alljährlich in London stattfindet. Zu Shakespeares Zeiten besteht er aus einer Reihe von Wagen, auf denen Schauspieler oder Kindergruppen Spielszenen aufführen. Die Wagen werden von kostümierten Gestalten (Dromedaren, Einhörnern, Drachen) gezogen. An der Spitze des Zuges marschieren die „wilden Männer" („bogies"), populäre Gestalten, die bei keinem dieser Umzüge fehlen dürfen. Sie sind mit Fackeln oder Feuerwerkskörpern bewaffnet, mit denen sie die Menge zurückdrängen, um so dem Umzug Platz zu machen. In London sind die Zünfte für Feste wie diese verantwortlich. Deren Reichtum und Macht wird so vor der ganzen City zur Schau gestellt. Erst später wird die Organisation der Umzüge Dramatikern wie Decker, Heywood oder Munday überlassen, die auch das Verfassen des Textes zu diesen prunkvollen Darbietungen übernehmen.

Die prächtigen Träume von Sir Henry Unton

Das Fresko-Gemälde ist ein Zeugnis des zeitgenössischen privaten Lebens aus dem Jahre 1596. Ein unbekannter Maler hat hier Stationen des Lebens von Sir Henry Unton sowie dessen Tod dargestellt. Im rechten Teil des Gemäldes öffnet der Künstler das Wohnhaus Untons wie einen Guckkasten. Es findet ein Festbankett statt, ein Maskenzug steigt eine Wendeltreppe hinauf (Ausschnittvergrößerungen unten). Voraus geht der geflügelte Merkur, der Götterbote, der auf die Tätigkeit von Sir Henry als Botschafter verweist. An seiner Seite geht Diana (wohl in Anspielung auf Elisabeth I.), die mit Pfeil und Bogen bewaffnet ist. Ihnen folgen maskentragende Damen mit den Diana-Attributen Bogen und Blumen in Händen sowie zehn schwarze und weiße Cupidos, die allegorisch für Tag und Nacht stehen. Der Tod von Sir Henry wird ebenfalls detailgetreu geschildert. Die eindrucksvolle Beisetzungsprozession zeigt den zentralen Stellenwert des Todes für die Elisabethaner und erinnert an die Leichenbegängnisse in *Richard III.*, *Julius Caesar* und *Hamlet.*

Die Lebensriten: Taufe, Hochzeit, Begräbnis

Über Shakespeare sind fast nur Einträge in Kirchenregistern überliefert, so z. B. das Datum seiner Taufe und seiner Hochzeit. Zu seiner Zeit werden die verschiedenen Lebensabschnitte traditionell von bestimmten religiösen Ritualen begleitet. Diese Rituale werden seit dem Mittelalter in verschiedenen allegorischen Stichen oder Gemälden dargestellt; wie auch auf dem Gemälde, das Szenen von der Geburt, aus dem Leben und vom Tod Sir Henry Untons zeigt, zu sehen ist. Mit der Rede von Jaques in *Wie es Euch gefällt* spielt Shakespeare darauf an.

Ein Gemälde eines zeitgenössischen flämischen Künstlers (rechts) stellt eine Hochzeitsfeier in Bermondsey dar, einem Dorf an der Themse. Bei Hofe wird zu einer Hochzeitsfeier oft ein mythologisches Maskenspiel, begleitet von Musik und Tanz, aufgeführt. Trotz der Reformation haben sich die religiösen Bräuche im wesentlichen erhalten. Man möchte dadurch den Einfluß von bösen Geistern oder die Untaten von Feen verhindern. Letzteren traut man z. B. zu, daß sie ein schönes Kind, das in seiner Wiege schläft, durch ein häßliches und mißgebildetes Kind (den „changeling") austauschen. Auch die Begräbnisriten müssen in vollem Umfang ausgeführt werden, damit die Seele des Verstorbenen Ruhe findet.

Feen, Hexen und die Welt des Wunderbaren

Kobolde, Feen und andere Irrwische wie der Droll (Puck / Robin Goodfellow) im *Sommernachtstraum* haben im Volksglauben der Shakespeare-Zeit keinen besonders guten Ruf: Sie sind kleine, beunruhigende Geschöpfe, die nur in der Nacht auftauchen und den Sterblichen Streiche spielen, sie zwicken und belästigen.

Sie können ihre Verführungskunst aber auch dazu benutzen, die Menschen in ihre unterirdischen Königreiche zu locken. Diese Wesen, die meist aus der keltischen Sagenwelt stammen, sind dazu fähig, den Menschen durch Hirngespinste den Kopf zu verdrehen oder sie mit Alpträumen zu plagen. Nicht zuletzt sind diese raffinierten Wesen durch die Reisen der Königin in die Provinz populär geworden. Wurde doch die Monarchin bei der Gelegenheit häufig mit keltischer Folklore unterhalten, an der sie Gefallen fand und so wichtige Anregungen für das Stoffrepertoire des Theaters mitbrachte. Shakespeare verleiht ihnen in seinen Stücken ein großes Gewicht, doch gestaltet er ihre Rollen neu oder entwickelt sie weiter.

In *Ein Sommernachtstraum* etwa sind die Charaktere Oberon und Titania menschenähnlich, ganz als ob sie nächtliche Doppelgänger des Herzogs Theseus und der Amazone Hippolyta wären. Shakespeare neigt dazu, ihre dunklen oder mysteriösen

Eine Hochzeit auf einem Dorf ist ein guter Anlaß zum Schlemmen und ein wichtiger Abschnitt in einem Menschenleben, das sich von der Geburt bis zum Tod, von der Wiege bis zum Sarg und weiter bis zum Skelett in sieben Lebensabschnitten entfaltet.

Die ganze Welt ist Bühne, und alle Fraun und Männer bloße Spieler. Sie treten auf und gehen wieder ab, sein Leben lang spielt einer manche Rollen, durch sieben Akte hin.
Wie es Euch gefällt **(II, 7)**

Rollen abzumildern, um sie eher schelmisch und relativ harmlos wirken zu lassen. Am Hof von Königin Titania, der Feenkönigin, leben Personen mit bezaubernden Namen: Bohnenblüte, Spinnweb, Motte und Senfsamen. Diese Figuren werden von Knaben gespielt, die gut singen und gut tanzen können.

Die Zauberkunst der Hexen ist sehr ge-fürchtet, wenn auch die höllischen Bilder vom Hexensabbat und von nächtlichen Satansverehrun-gen, die auf dem europäischen Kontinent verbreitet sind, in England kaum Nachahmung finden. Hexen sind alte Frauen, die man verdächtigt, böse Sprüche über Viehherden auszusprechen oder Zaubertränke dazu zu be-nutzen, frisch Verheiratete impotent zu machen. Dagegen verkörpern die „Schicksalsschwestern" in *Macbeth* die Ver-suchung und das absolut Böse. Sie bezeugen damit ein wieder auflebendes Interesse am Teufel und an der Magie in England. Aberglaube und magische Praktiken sind mit der Mentalität und der Lebens-weise auf dem Lande verknüpft sowie mit dem Heidentum, das die Reformation nicht völlig aus-löschen konnte. Später, während der Regentschaft des Hauses Stuart (ab 1603), versucht man sogar im Gegenteil, diese geheimnisvolle und dunkle Seite der tradierten Mythen des „*Merrie Old England*" wieder aufleben zu lassen. Noch während der Restaurationszeit greift der Komponist Henry Purcell (1659–1695) in seinen Singspielen *Der König Arthur* und *Die Feen-königin* darauf zurück.

Phantome und das Über-natürliche geistern durch das Theater Shakespeares, so wie sie auch in den Köpfen sei-ner Zeitgenossen herum-spuken. Entsetzen ergreift das Publikum bei der

Der Kobold Robin Goodfellow (Droll) tanzt in der Mitte eines magischen Kreises. Er wird als Satyr mit phalli-schen Attributen dargestellt.
Somit ähnelt er puritanischen Vorstellungen vom Satan.
Diese Streng-gläubigen waren ohnehin stets dar-auf bedacht, in Feen und anderen Gestalten der keltischen Volks-kunst Diabolisches zu entdecken.

Ankündigung, jetzt erscheine der Geist von Hamlets Vater. Das erlaubt es dem Spieler dieser Rolle – und das ist vermutlich Shakespeare selbst gewesen –, seine eindrucksvollen Verse bei größtmöglicher Stille zu deklamieren. Der geniale Dramaturg nutzt die Furcht vor dem Überirdischen, um die krakeelende Menge auf den billigen Plätzen (die „groundlings") ruhigzustellen.

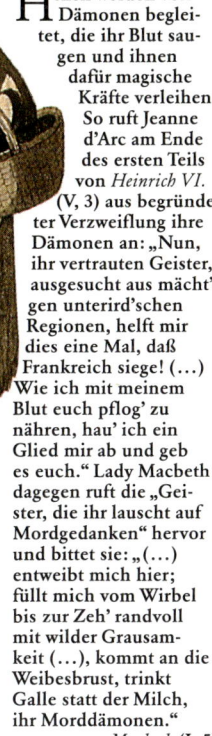

Erkennbar ist bei dieser Dramaturgie auch der Einfluß des lateinischen Schriftstellers Seneca (um 4 v. Chr. – 65 n. Chr.), der in elisabethanischen Rachetragödien wie *Die spanische Tragödie* (1587) von Thomas Kyd (1558 – 1594) weitergewirkt hat, wo das Phänomen des Übernatürlichen eine große Rolle spielt.

Von der Hochzeit zu den „verlorenen Jahren"

Im Anschluß an seine Schulzeit wird der junge William Lehrling in der Handschuhmacherwerkstatt seines Vaters. Als Shakespeare 18 Jahre alt ist, findet man seinen Namen in einem Kirchenregistereintrag vom 28. November 1582 neben dem

Hexen werden von Dämonen begleitet, die ihr Blut saugen und ihnen dafür magische Kräfte verleihen. So ruft Jeanne d'Arc am Ende des ersten Teils von *Heinrich VI.* (V, 3) aus begründeter Verzweiflung ihre Dämonen an: „Nun, ihr vertrauten Geister, ausgesucht aus mächt'gen unterird'schen Regionen, helft mir dies eine Mal, daß Frankreich siege! (…) Wie ich mit meinem Blut euch pflog' zu nähren, hau' ich ein Glied mir ab und geb es euch." Lady Macbeth dagegen ruft die „Geister, die ihr lauscht auf Mordgedanken" hervor und bittet sie: „(…) entweibt mich hier; füllt mich vom Wirbel bis zur Zeh' randvoll mit wilder Grausamkeit (…), kommt an die Weibesbrust, trinkt Galle statt der Milch, ihr Morddämonen."

Macbeth (I, 5)

einer gewissen Anne Hathaway:
Vom Bischof von Worcester be-
kommt er die Sondererlaubnis, vor
Ablauf der Aufgebotsfrist die um
acht Jahre ältere Frau, eine Bauern-
tochter aus Shottery in der Nähe
von Stratford heiraten zu dürfen.
Bereits am 23. Mai 1583 wird ihre
Tochter Susanne geboren. Weniger
als zwei Jahre später bringt Anne
die Zwillinge Judith und
Hamnet zur Welt, die
am 2. Februar 1585
getauft werden.
Dann verliert
sich Shakespeares
Spur völlig: Diese
Periode nennt
man „verlorene
Jahre ((the lost
years). John Aubrey
berichtet in seinen
Kurzen Biographien, daß
Shakespeare Schulmeister
auf dem Land wird, womit er wahrscheinlich sagen will, daß er die
Funktion eines Hauslehrers in
einer Adelsfamilie ausübt.

Eine Truppe von
fahrenden Schauspie-
lern hat ihre Bretter auf
einem Dorfplatz neben
der Kirche aufgestellt.
Einige privilegierte
Zuschauer können das
Stück vom Fenster eines
Gasthauses aus sehen,
in dem sie einquartiert
sind. Diese einfache Art
der Bühne lernt Shake-
speare wahrscheinlich
während seiner Jugend-
zeit in Stratford kennen.

The Spanish Tragedie:

OR,

Hieronimo is mad againe.

Containing the lamentable end of *Don Horatio*, and *Belimperia* ; with the pittifull death of *Hieronimo*.

Newly corrected, amended, and enlarged with new Additions of the *Painters* part, and others, as it hath of late been diuers times acted.

LONDON,

In der markantesten Szene von *Die Spanische Tragödie* von Thomas Kyd entdeckt der alte Hieronimo eines Nachts seinen Sohn erhängt in der Gartenlaube. Dies ist der Ausgangspunkt für seine grausame Rache. Er täuscht vor, verrückt zu sein, und benützt das Motiv des Spiels im Spiel *(play within the play)* dazu, die Schuldigen umzubringen. Das sehr beliebte Stück hat großen Einfluß auf Shakespeare, der sich in *Titus Andronicus* und in *Hamlet* daran erinnert.

Anderen Quellen zufolge, die auf den Dramatiker William Davenant zurückgehen, soll er Pferdeknecht in den Theatern von London geworden sein, dann Souffleurgehilfe und damit beauftragt, die Schauspieler auf die Bühne zu rufen. Wahrscheinlicher ist jedoch, daß sich Shakespeare einer Schauspielertruppe in der Hauptstadt anschließt. So fehlt z. B. der Truppe der Königin ein Schauspieler, als sie in Stratford gastiert, da ihr Darsteller William Knell bei einer Schlägerei zu Tode gekommen ist. Man benötigt einen Ersatz, und der junge Shakespeare wird engagiert.

Diese Frau, die die Haube und die Halskrause der Elisabethanischen Zeit trägt, ist vielleicht Shakespeares Frau, Anne Hathaway.

ZWEITES KAPITEL
LONDON

Beeindruckt von der unglaublichen Expansion der Hauptstadt, läßt sich Shakespeare in London nieder. Die unter der Herrschaft Heinrichs VIII. kleine Stadt mit 50 000 Einwohnern wird zu einer Großstadt, die unter Elisabeth I. schon 200 000 Einwohner zählt. Vor allem durch Landflucht ist die Stadt schon bald übervölkert, und es herrschen katastrophale hygienische Zustände. Dennoch ist London eine glänzende Stadt, eine Stadt des Theaters, voll sprudelnden Lebens…

Um die St.-Paul's-Kathedrale, in die man sonntags drängt, um Predigten zu hören, entwickelt sich ein dichtbebautes Zentrum mit engen Gassen und hohen Häusern, unterteilt durch breite Straßen. Dazwischen gibt es Gärten, Plätze und große Flächen, die zu Spaziergängen einladen.

London im 16. Jahrhundert

Die Stadt besteht damals nur aus der City, die im Süden von der Themse begrenzt und mit halbkreisförmigen Mauern umgeben ist, vom Fleet Ditch im Westen bis zum Tower von London im Osten. Im Stadtgebiet wird das Labyrinth der kleinen Straßen von zwei großen Verkehrsadern durchkreuzt, wobei die eine von Ost nach West, von Newgate nach Aldgate, geht und durch die Stadtviertel von Cheapside, Cornhill und Leadenhall führt. Die andere Verkehrsstraße führt von Bishopsgate im Norden bis zur London Bridge im Süden. Außer den zahlreichen Booten, die von einem Ufer zum anderen fahren, bietet die London Bridge die einzige Möglichkeit, die Themse zu überqueren. Innerhalb der Mauern wohnen dicht gedrängt 200 000 Menschen.

Die alte St.-Paul's-Kathedrale erhebt sich auf einem Hügel im Osten von Ludgate und beherrscht die Stadt inmitten eines wahren Waldes von Kirchtürmen. St. Paul ist das Viertel der Buchhändler; Shakespeare lebt dort einige Zeit. Die City, in der die Buden der Händler und Handwerker stehen, regiert der Lord-Mayor,

Die Themse teilt die Stadt. Der Süden ist noch Neuland, die sogenannte Bankside hat einen schlechten Ruf. Dort erheben sich Tierkampfarenen, neben denen das Rose Theatre und das Globe Theatre errichtet werden. Am nördlichen Ufer (von Ost nach West), befinden sich der Tower von London mit seinen Mauern, die London Bridge und die Reihe der Kirchtürme, von denen sich die gedrun-

LONDON.

gene Form der ersten St.-Paul's-Kathedrale abhebt. Im Westen erstrecken sich die Adelspaläste bis zur Residenz von Westminster, erkennbar an ihren Türmen (ganz links).

Bei den Umzügen zu Ehren des Lord-Mayors (Bild links), der jedes Jahr von den zwölf Zünften der City gewählt wird, läuten alle Glocken der Kirchtürme. Die Königliche Börse in Cornhill und die St.-Paul's-Kathedrale bilden das Zentrum des regen städtischen Lebens. Nach dem Niedergang des Hafens von Anvers im Jahre 1585 entwickelt sich London zu einem häufig angelaufenen Hafen.

der jedes Jahr von den eifersüchtig auf ihre Privilegien bedachten zwölf Zünften gewählt wird. Adelshäuser und -paläste, Somerset House, das Savoy, der Königspalast und die Parks von Whitehall liegen im Westen entlang der Themse bis nach Westminster, dem Sitz des Kronrats.

Zu der Zeit, als Shakespeare nach London kommt, ist die Stadt in vollem Aufschwung. Handwerker und Händler haben lange, anstrengende Arbeitstage, und nicht selten leben sie und ihre Angestellten in denselben Bretterbuden, die zugleich Werkstatt und Laden sind. Zumindest innerhalb der Stadtmauern gibt es wenig Vergnügungen, denn der Stadtrat wacht über die Moral. Die verschiedenen Spektakel und Theater sind auf Gebiete außerhalb der

Stadt beschränkt, auf Shoreditch,
die Bankside oder auch die Enklave der
„Liberties". Dies sind exterritoriale Gebiete, die
alten Ländereien wie denen der Dominikaner
(Blackfriars) entsprechen, die vor der Reformation
zu Klöstern gehört
hatten. Den-
noch gibt es
innerhalb
der Stadt-
mauern
Herber-
gen und
Tavernen,
wo man gelegentlich
Theaterdarbietungen sehen kann.
      Die Themse, die London im
Süden begrenzt, ist sehr fischreich
und trägt zu Ruhm und Reichtum
der Stadt bei. Mit ihrem dichten
Schiffsverkehr stellt sie außerdem die
Hauptverkehrsader dar. Das flache
Land ist nicht weit von der Stadt entfernt: Chelsea, Moorfields, Finbury
Fields, wo man sich zum Bogenschie-
ßen trifft, Paddington, wo man am

Von Greenwich aus gesehen, erscheint London hinter der Isle of Dogs.
Trotz der Nähe der Natur vor den Toren der Stadt und trotz der zahlreichen Gärten hinter den Mauern der City breiten sich dennoch Pestepidemien aus. Das einzige Mittel, das außer Aderlaß dagegen verschrieben wird, ist Rosmarin, den man sich in Nase und Ohren stopft, um sich vor der Krankheit zu schützen. Die Häuser, in denen die Krankheit ausbricht, werden mit Brettern vernagelt und mit einem roten Kreuz markiert. In *Romeo und Julia* (V, 2) wird Bruder John daran gehindert, Romeo den Brief zu überbringen, der ihn über den Plan, daß Julia ihren Tod nur vortäuscht, aufklären soll. Denn die Stadtwachen von Mantua „(…) argwöhnten, wir wären beid' in einem Haus, in welchem die böse Seuche herrschte, siegelten die Türen zu und ließen uns nicht gehn".

Sonntag einen Spaziergang in den Grünanlagen macht. Entlang dem Flußufer, im „The Strand" genannten Gebiet, reihen sich Gärten, Parks und Paläste in westlicher Richtung bis hinaus zum Dörfchen Whitehall.

Die Pestepidemien

Da London die Landbevölkerung wie ein Magnet anzieht, was zu einer beunruhigenden Übervölkerung innerhalb der City führt, verbietet die Krone jegliche Neubauten in einem Umkreis von drei Meilen um die Mauern der City. So werden nun die Felder und Parkanlagen in der weiteren Umgebung der Stadt Baugelände, was die Hygienebedingungen noch verschlechtert und der Pest freien Lauf läßt.

Man sieht in dieser Plage die Strafe Gottes für die Laster der Stadt: Die Theater werden sofort geschlossen; sie sind die ersten Opfer einer Maßname der Obrigkeit, die mehr dazu dient, die öffentliche Moral zu reglementieren als der Pest Einhalt zu gebieten.

Damals ist unbekannt, daß sich das Übel durch Bisse von Flöhen ausbreitet, von denen die schwarzen Ratten befallen sind.

Die Pest sucht die Stadt in den Jahren 1564, 1593, 1603 und 1623 heim, wobei ihr insgesamt viele Tausende von Menschen zum Opfer fallen. Der Tod geht von den Vorstädten ins Zentrum; die Glocke ertönt, wenn die Kippkarren vorbeifahren, mit Leichen beladen, die ins Massengrab geworfen werden.

Der Tower und die London Bridge

Außerhalb der Citymauern stehen die Theater neben den Arenen für die Tierspiele und neben den Bordellen. Dort

leben auch Bettler, Taschendiebe und Hausierer. In diesen Stadtvierteln herrscht eine unbekümmerte und manchmal auch gefährliche Anarchie, obgleich es dort anscheinend nicht mehr Kriminalität gibt als in anderen Stadtteilen. Um dorthin zu gelangen, muß man an den Mauern des Tower vorbei. Außer den politischen Gefangenen ist dort das königliche Tiergehege mit seinen berühmten Löwen untergebracht. Dann muß man die Brücke mit ihren 20 Bögen überqueren, auf der auf jeder Seite hohe Häuserzeilen stehen, die nur einen engen Durchgang lassen.

Der Tower von London dient als Gefängnis für Leute, die schwerer Staatsverbrechen beschuldigt werden. In *Richard III.* läßt der Herzog von Gloucester, Richard, dort den Herzog von Clarence ermorden, der auf Befehl seines Bruders, König Eduard IV., im Tower festgehalten wird. Richard befiehlt auch die Ermordung seiner beiden Neffen, Eduards Kindern, um ihnen das Anrecht auf die Krone Englands zu nehmen. In Akt III antwortet ihm der junge Thronfolger, als ihm Gloucester heimtückisch rät, „sich ein paar Tage im Tower auszuruhn": „Der Tower mißfällt mir wie kein Ort auf Erden. – Hat Julius Cäsar ihn gebaut, Mylord?" In der Renaissance beherbergt der Tower auch ein königliches Tiergehege mit Löwen und Bären. Auf der London Bridge, dem einzigen Übergang über die Themse, stehen Kaufmannshäuser, zwischen denen eine enge Straße verläuft. Über dem Bridge Gate, der Wachstation, erinnern die aufgespießten Köpfe von Rebellen und Verrätern an die Macht der königlichen Justiz.

Shakespeare – Shakescene

Im Jahre 1585, nach der Geburt seiner Zwillinge Hamnet und Judith, verlieren sich die Spuren Shakespeares. Doch im Jahre 1592 wird er in der posthumen Veröffentlichung eines Pamphlets von Robert Greene, einem Schriftsteller und Dramatiker, wieder erwähnt.

Dieses einzigartige Zeugnis belegt die Bedeutung, die der junge Shakespeare inzwischen auf der Bühne gewonnen

Thomas Platter berichtet: „nach den Imbiss-essen, etwan umb zwey uhren, bin ich mitt meiner geselschaft über dz wasser gefahren, haben in dem streüwinen Dachhaus (dem Globe) die Tragedy vom ersten Keyser Julio Cæsare mitt ohngefahr 15 personen sehen gar artlich agieren."

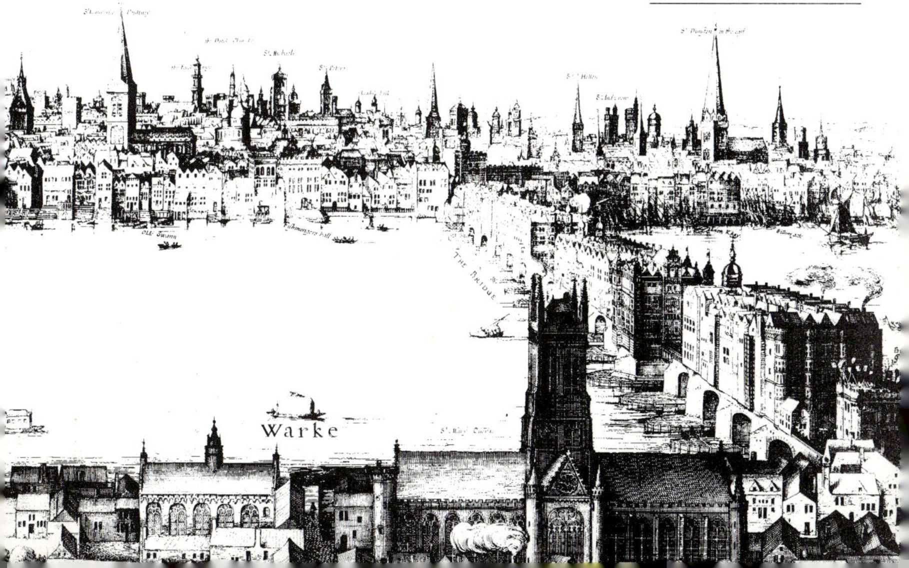

Warke

King Henry the Sixt

Thisbattell fares like to the mornings Warre,
When dying clouds contend, with growing light
What time the Shephead blowing of his nails,
Can neither call it perfect day, nor night.
Now swayes it this way, like a Mighty Sea,
Forc'd by the Tide, to combat with the Winde:
Now swayes it that way, like the selfe-same Sea,
Forc'd to retyre by fury of the Winde.
Sometime, the Flood prevailes; and then the Winde:
Now, one the better, then another best;
Both tugging to be Victors, brest to brest:
Yet neither Conqueror, nor Conquered,
So is the equall poise of this fell Warre.

hat. Daneben informiert es über die Gepflogenheiten an zeitgenössischen Theatern, über immer wieder aufbrechende Rivalitäten zwischen Schauspielern und Autoren sowie zwischen verschiedenen Theatertruppen.

In diesem Pamphlet mit dem Titel *Für einen Groschen Verstand, erkauft mit einer Million Reue* nennt Greene Shakespeare einen „Emporkömmling, einen Raben, geschmückt mit unseren Federn" und spricht vom „Herz eines Tigers in der Haut eines Schauspielers". Mit diesem Attribut imitiert er die Stelle, in der der Herzog von York im dritten Teil von *Heinrich VI*. Königin Margareta als „Tigerherz, in Weiberhaut gesteckt!" (I, 4, 138) anspricht. Dieser Dramatiker, fährt Greene polemisch fort, „hält sich für fähig, einen hochtrabenden Blankvers machen zu können, ebenso gut wie

Zu Shakespeares Zeit ist der Schriftsteller oft ein Auftragsschreiber, der bei irgendeinem Adligen in Diensten steht. Außerhalb des Hofes ist damals das Schreiben von Theaterstücken, die bis zu 2000 Personen pro Vorstellung anziehen können, die einzige Einkommensquelle.

Der gelehrte Doktor Faustus möchte die Geheimnisse des Universums durchdringen. Zu diesem Zweck scheut er sich nicht, dem Teufel seine Seele zu verkaufen.

The Tragicall Histor of the Life and Death of Doctor FAVSTVS.

With new Additions.

Written by *Ch. Mar.*

die Besten unter euch, und dieser Alleskönner (Johannes Factotum) glaubt, er sei der einzige Bühnenerschütterer (Shakescene) des Landes." Das Wortspiel Shakescene ist eine ebenso unfreundliche wie offensichtliche Anspielung auf Shakespeare.

Die Zeitgenossen, Freunde und Herren

Im 16. Jahrhundert hat sich das Theater bereits als Institution etabliert, und eine Gruppe von gebildeten jungen Leuten will dort Karriere machen. Deren hochstilisierte Schreibweise gibt einem literarischen Stil den Namen: *Euphuismus*, nach der Hauptfigur der Romanzen, Euphues. Kopf der Gruppe ist John Lyly (1554–1606), der auch manieristische Prosaromanzen schreibt. Lylys Theaterstücke sind mythologische Darstellungen wie *Endimion, der Mann im Mond* (1591) und *Galathea* (1592) oder volkstümliche Komödien wie *Mother Bombie* (1594). Diese Stücke werden von Knabengruppen aufgeführt und sind am Hof sehr erfolgreich.

George Peele (1558–1597) ist vor allem bekannt durch seine beiden Werke *Paris vor Gericht* (1584), ein Pastoralstück in Form eines Maskenspiels, und *Die Altweibergeschichte* (1595), ein Stück, das wegen seiner Spiegelstruktur und seiner Elemente aus dem Stoff des Rittertums interessant ist. Robert Greene (1558–1592), der glücklose Rivale Shakespeares, schreibt Stücke, in denen er Elemente des Wundebaren und Elemente aus historischen Chroniken vermischt.

Seinen Aufschwung verdankt das elisabethanische Theater aber vor allem den Tragödien von Christopher Marlowe (1564–1593) und Thomas Kyd (1558–1594). Beide schreiben Tragödien voller „Lärm und Heftigkeit", die das Parkett des Rose Theatre erschüttern, denn ein Schauspieler vom Kaliber eines Edward Alleyn wußte, wie man die Ausdruckskraft der Verse von Marlowe publikumswirksam wiedergibt.

Marlowe, der 1593 wegen atheistischer Inhalte seiner Stücke angeklagt worden war, stirbt im Alter von 28 Jahren bei einem Streit in einer Herberge nahe bei London durch einen Dolchstoß ins Auge. Damit wird einer der vielversprechendsten literarischen Karrieren ein jähes Ende gesetzt. Mit seinen draufgängerischen (Tamerlan, engl. Tamburlaine) oder visionären Helden (Faust), die besessen sind von ihrem Wunsch, die Grenzen des Wissens sowie des menschlichen Daseins zu überschreiten, verkörpert Marlowe den Menschen der Renaissance schlechthin.

Kyd ist Autor des Werks *Die spanische Tragödie*. Sein Held, der alte Hieronimo, täuscht Wahnsinn vor und bedient sich einer Theateraufführung, um seine Rachepläne auszuführen. Shakespeare erinnert sich daran, als er *Titus Andronicus* und *Hamlet* schreibt.

Alle diese Dramatiker sind bereits erfolgreich, bevor Shakespeare nach London kommt. Doch durch den verfrühten Tod Marlowes stehen dem Mann aus Stratford plötzlich alle Möglichkeiten offen, um sich, wie es Greene in seinem Pamphlet sagt, mit den Federn seiner berühmten Vorgänger zu schmücken.

Zu der Zeit, als der Schauspieler Shakespeare in London ankommt, ertönen im Rose Theatre die gewaltigen Verse Christopher Marlowes. Dieser Schusterssohn aus Canterbury ist ein frühreifes Genie, das bereits mit 27 Jahren sein Hauptwerk geschrieben hat. Ein Jahr später stirbt er bei einer Rauferei in einer Taverne. Wahrscheinlich wurde er Opfer eines politischen Mordes, denn diese erstaunliche Person war auch Spion der Krone. Shakespeare bemüht sich, in seine Fußstapfen zu treten. In den drei Teilen von *Heinrich VI.* spürt man deutlich den Einfluß des deklamatorischen und pathetischen Stils von Marlowe.

Wie auf diesem Stich dargestellt, der die erste Ausgabe (1577) der *Chroniken des Geschichtsschreibers* Raphael Holinshed ziert, fanden Hinrichtungen öffentlich statt. Die Todeskandidaten hatten das Recht, vor ihrer Hinrichtung eine Rede an die Menge zu halten. Bei *Heinrich VI.* und *Richard II.* hat sich Shakespeare von diesem blutigen Schauspiel inspirieren lassen.

Shakespeares kometenhafter Aufstieg

The Merchant

Shakespeare spielt in der besten Truppe der damaligen Zeit und hat bald keine Konkurrenten mehr. Sein Aufstieg kennzeichnet den Triumph einer neuen Generation von professionellen Theatermachern.

Von 1590–1597 verfaßt Shakespeare hauptsächlich historische Dramen, die man in zwei Tetralogien gruppieren kann: die erste (nach dem Herrschergeschlecht, dem die Könige angehören, York-Tetralogie genannt) umfaßt die drei Teile von *Heinrich VI.* und *Richard III.*, die zweite (die sogenannte Lancaster-Tetralogie) *Richard II.*,

die beiden Teile von *Heinrich IV.* und *Heinrich V.* Shakespeare läßt sich dabei durch die Werke des Historikers Holinshed inspirieren, des Autors der *Chronik von England*,

Schottland und Irland, die im Jahre 1577 erschien und im Jahre 1587 mit Stichen und Marginalien neu herausgegeben wurde. Shakespeare schreibt auch ein Königsdrama, das sich zeitlich nicht in eine dieser Gruppen einordnen läßt und schon zu Anfang des 12. Jahrhunderts spielt: *König Johann.* In dem stark antikatholischen, patriotischen Stück thematisiert Shakespeare den Konflikt zwischen Johann Ohneland, dem jüngeren Bruder von Richard Löwenherz, und dem König von Frankreich, Philipp August, der Johann als Usurpator sieht.

Die Wurzeln für Shakespeares Komödien sind oft Volkslegenden oder Farcen, wie in *Der Widerspenstigen Zähmung,* wo Petruchio das Mittel findet, seine jähzornige Frau Katharina zu zügeln. In seinen reifen Komödien, besonders in *Der Kaufmann von Venedig,* behandelt Shakespeare ernstere Fragen, so z. B. das Wesen der Gerechtigkeit. In bewegenden Versen macht der Jude Shylock auf die Vorurteile der venezianischen Gesellschaft gegenüber den Juden aufmerksam.

Gleichzeitig bringt Shakespeare von 1593 bis 1600 zehn Komödien auf die Bühne, die von der Farce bis zur romantischen Komödie reichen: Neben Stücken wie *Komödie der Irrungen*, *Der Widerspenstigen Zähmung* und *Die lustigen Weiber von Windsor* steht die poetische Atmosphäre von *Ein Sommernachtstraum* und von *Der Kaufmann von Venedig*; in *Was Ihr Wollt* schließlich klingt ein etwas nüchternerer Ton an.

Inspiriert von Seneca und Thomas Kyd, schreibt Shakespeare die Tragödien *Titus Andronicus*, ein blutrünstiges Rachedrama, sowie *Romeo und Julia*, Drama der Leidenschaft und Komödie mit tragischem Ausgang. Abgesehen von einigen wenigen Ausnahmen erfindet Shakespeare die Handlungen oder Personen in seinen Stücken niemals selbst. Er sucht seine Themen entweder in Volkslegenden oder bei anderen Autoren, auch wenn das bedeutet, daß er starke Veränderungen vornehmen muß, um die Geschichte für die Bühne spielbar und möglichst packend zu gestalten.

Shakespeare: Schauspieler, Autor und Aktieninhaber

Robert Greenes Angriff macht die Rivalitäten deutlich, die innerhalb der Schauspielertruppe von Lord Strange herrschen. Die Truppe spielt am Rose Theatre zunächst unter dem Patronat des Schauspielunternehmers Philip Henslowe.

In den detaillierten Aufzeichnungen, die Henslowe von den Vorstellungen und den Einnahmen macht, erwähnt er zwei Stücke von Greene, eine Komödie, *Die rühmliche Geschichte von Bruder Bacon und Bruder Bongay*, die am 19. Februar 1592 auf die Bühne gebracht wurde, und *Orlando Furioso*, eine Tragödie, die wenig später gespielt wurde. Keines der beiden Stücke scheint überwältigenden Erfolg gehabt zu haben. Am Freitag, dem 3. März, erwähnt Henslowe dagegen ein Stück, das, nach den Einnahmen zu schließen, sehr beliebt sein muß, „harey the vi", wahrscheinlich der zweite Teil von *Heinrich VI.*

Als kurz darauf eine Pestepidemie zur Schließung der Theater führt, schreibt Shakespeare während dieser Zwangspause seine Verserzählungen *Venus und Adonis* und *Der Raub*

Ferdinando Stanley, Lord Strange, der fünfte Graf von Derby (oben links) war Protektor der Schauspieler. Er unterhielt die Truppe, die *Heinrich VI.* im Rose Theatre spielte.

In Towton beobachtet König Heinrich den Zusammenstoß der Soldaten. (*Heinrich VI.*, 3. Teil, II, 5); Gemälde von Michael van Meer (1615)

Ovid erzählt in den *Metamorphosen* die Geschichte von Pyramus und Thisbe, den beiden Liebenden, die Opfer des Schicksals wurden (links). Zunächst läßt sich Chaucer, dann Shakespeare davon inspirieren. Er gibt davon eine erste tragische Version in *Romeo und Julia* und formt dann daraus eine burleske Episode in dem Stück, das die Handwerker zum Ende von *Ein Sommernachtstraum* am Hofe des Königs Theseus aufführen. Die Menge im Parkett wird nicht müde, immer wieder das gleiche zu sehen, das die Dramatiker auf unterschiedliche Weise zubereiten, um Beifall zu gewinnen. Man mußte also alle Register des Spielvermögens ziehen und in der Lage sein, Lachen und Tränen miteinander zu verbinden, wie es Shakespeare durch eine einfache Änderung der Perspektive oder der Atmosphäre gelungen ist.

der Lukrezia, die er Henry Wriothesley, dem Grafen von Southampton, widmet. Schon Ende 1594 geht Shakespeare mit zwei anderen Schauspielern, William Kempe und Richard Burbage, sowie den „seruantes to the Lord Chamberleyne" wieder auf die Bühne. Sie geben in der Weihnachtszeit zwei Vorstellungen von *Komödie der Irrungen* am Hof. Die Schauspieler werden 1594 unter den Schutz von Lord Chamberlain, Henry Carey, gestellt. Sie spielen im Theater von James Burbage („The Theatre"), das am Bishopsgate außerhalb der Stadtmauern liegt.

Die Truppe trennt sich von Philip Henslowe und Edward Alleyn, einem ihrer Star-Schauspieler.

Unter dem Patronat des Lord-Admirals richten sie sich nun im Rose Theatre am anderen Ufer der Themse ein.

Außergewöhnlich ist die Organisation der Schauspieler des Lord Chamberlain: Die sechs bedeutendsten Schauspieler bilden eine Gesellschaft, in der jeder Aktienbesitzer ist und direkt einen Teil des Gewinns aus den Vorstellungen erhält.

Im Gegensatz zu den Lord-Admiral's Men, deren Schauspieler und Autoren von Henslowe persönlich bezahlt werden, sind die Schauspieler des Lord Chamberlain finanziell unabhängig. Sie zahlen James Burbage, dem Besitzer des Theaters, lediglich die Miete. Offensichtlich hat sich Shakespeare in dieser Truppe sehr wohl gefühlt, denn er wechselt von jetzt an nicht mehr zu einer anderen. Zusätzlich zur Schauspielerei schreibt er bis 1608 im Durchschnitt zwei Stücke pro Jahr, danach läßt seine Geschwindigkeit bei der Produktion für die Bühne etwas nach. Durch seine feste Zugehörigkeit zu einer Theatertruppe kann er seine Position als Schauspieler und Autor festigen.

Das Theater: Weg zum Erfolg

Den Mann, den Greene als Emporkömmling bezeichnet hatte, drängt es sehr bald zum Erwerb von Immobilien und

In dem recht düsteren Stück *Die Schändung der Lukretia* (Titelkupfer oben) treten bereits die zentralen Fragen der großen Tragödien hervor.

Die Zeichnung links stammt aus dem Jahre 1595 und ist die einzige zeitgenössische Illustration einer Szene aus dem Theater Shakespeares. Man findet sie auf einer Seite, auf die ca. 40 Verse aus *Titus Andronicus* geschrieben sind und auf der am linken Rand die Unterschrift von Henry Peacham steht, einem Hauslehrer und Künstler. In der Bildmitte fleht die Gotenkönigin Tamora Titus an, ihre beiden Söhne zu verschonen. Rechts hält der Maure Aaron, der so dunkel ist wie Ebenholz, ein Schwert in der linken Hand. Die Kostüme von Titus und Tamora sind annähernd historisch, wogegen die der Wachen aus der Elisabethanischen Zeit stammen.

Land. Sein Name erscheint sowohl auf Steuerregistern als auch bei verschiedenen Prozessen, die er gegen Nachbarn angestrengt hat. Auf diese Weise weiß man auch, daß er vom Jahre 1599 an einige Zeit in Southwark, am anderen Ufer der Themse, wohnte, in der Nähe des neuen Globe Theatre. Ebenso taucht sein Name im Register des Bischofs von Winchester als der eines säumigen Steuerpflichtigen auf.

Im Jahre 1602 erwirbt Shakespeare 50 Hektar Land, dann, im Jahre 1605, für die recht beträchtliche Summe von 440 Pfund Sterling Besitzanteile der Zehntpacht von Stratford, die ihm jährlich 60 Pfund einbringen. Für seine Stücke *Venus und Adonis* und *Die Schändung der Lukretia* hat ihm bereits der Graf von Southampton 1000 Pfund geschenkt, doch das Theater soll ihn bald zu einem der reichsten Männer der Stadt machen.

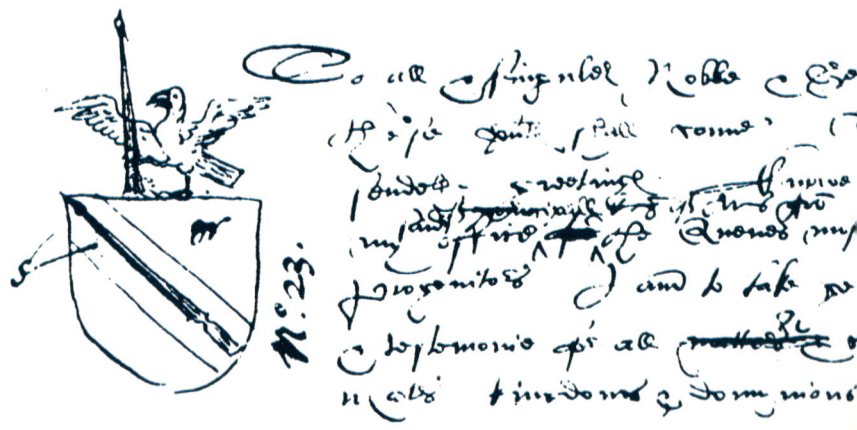

Schauspieler und Edelmann

Shakespeare, der seine Heimatstadt ohne einen Pfennig verlassen hat, ist etwa 25 Jahre später Besitzer eines der größten Vermögen von Stratford.

Im Jahre 1596 stellt Shakespeare bei den zuständigen Obrigkeiten des Königreichs den Antrag auf den Titel eines Edelmannes, verbunden mit dem Recht, ein Wappen zu tragen. Er will dabei das Gesuch erneuern, das sein Vater vor etwa 25 Jahren gestellt hatte. Solch ein Ansinnen ist nicht ungewöhnlich; andere Schauspieler seiner Truppe haben dieses Recht bereits zugebilligt bekommen. Dazu gehören Burbage, Heminge, Cowley und Pope ebenso wie sein Landsmann aus Stratford, Richard Quiney, dessen Sohn Thomas im Jahre 1616 sein Schwiegersohn werden soll. Diesmal gibt man seinem Gesuch statt; eine Entscheidung, die auch Zeichen des gesellschaftlichen Ansehens ist, den der Beruf des Schauspielers inzwischen erlangt hat. In den Entwürfen für das Dokument, das im College of Arms aufbewahrt wird, ist die Entscheidung mit den guten und loyalen Diensten begründet, welche die Vorfahren der Familie der Krone geleistet haben: Durch seinen glänzenden Erfolg am Theater wird der Enkel eines Bauern zum adligen Londoner.

Shakespeare widmet einige seiner Verserzählungen Henry Wriothesley, dem Grafen von Southampton (links). Der Dichter soll 1000 Pfund als Entlohnung dafür bekommen haben, eine enorme Summe in der damaligen Zeit.

Als Shakespeare geadelt wird, erhält er ein Wappen „Gold, mit einem goldenen Speer mit silberner Spitze, in einem schwarzen diagonalen Band. Als Helmstück steht ein Falke mit ausgebreiteten Flügeln." Das Wappen trägt das Motto „Non sanz droict" (Nicht ohne Recht); unten die Beglaubigungsurkunde.

DRITTES KAPITEL

DAS WELTTHEATER

Als Edelmann, Autor und Schauspieler in der Truppe des Lord Chamberlain weiß Shakespeare die Möglichkeiten, die ihm das Theater seiner Zeit bietet, voll zu nutzen. Unterschiedliche Handlungsorte, ein buntgemischtes Publikum, eine breite Palette von Charakteren – alles das steht zur Verfügung.

Totus mundus agit histrionem", die ganze Welt spielt Komödie. Shakespeares Truppe nimmt diesen Spruch von Petronius als Motto und setzt ihn auf die Giebelseite des Globe. Vor diesem Hintergrund ist es kein Wunder, daß der Narr *(fool)*, der wegen seines bunten Gewandes auch *motley* (der Buntschekkige) heißt, als scharfsinniger und witziger Beobachter des Lebens eine tragende Rolle in Shakespeares Werken spielt.

In London werden feste Aufführungsstätten wie
The Theatre und The Curtain, dann The Rose, The Swan,
The Globe und The Fortune gegründet. Somit wird die
Bedeutung des Provinztheaters, wo einst Mysterienstücke,
Moralitäten und Interludien entstanden, in den Hinter-
grund gedrängt. Auffällig ist, daß es von 1576 bis 1584 nur
sehr wenige gute Stücke gibt. Mit Marlowe und Kyd
werden zwischen 1584 und 1593 bedeutende Werke, dar-
unter *Tamburlaine* und *Die spanische Tragödie*, auf die
Bühne gebracht. Die Theater im Norden der Stadt,
The Theatre und The Curtain, sind die ältesten.
Sie gehören James Burbage, der als Tischler
gearbeitet hatte, bevor er Schauspieler wurde.
Am anderen Ufer der Themse, westlich
von Southwark, läßt Philip Henslowe im
Jahre 1587 das Rose Theatre erbauen.
Der Goldschmied Philip Langley
eröffnet im Jahre 1595 das Swan
Theatre. Nach der Affäre um das
Stück *Insel der Hunde* von Thomas
Nashe, das im Juli 1597 von der
Pembroke-Truppe aufgeführt und
als aufrührerisch beurteilt wird,
muß das Swan Theatre schließen.

The Red Bull
(Playhouse)

CLERKENWELL
Priory of
St. John
(3rd Revels
Office)

HOLBORN

to The Cockpit
(Phoenix)
(in Drury Lane)

Fleet
Ditch

to Westminster

Ludgate

Salisbury
Court

Bell Savage
Inn

Temple Bar

Blackfriars
(2nd Revels
Office & Theatre)

Whitefriars

R i

le Playe house

The Swan

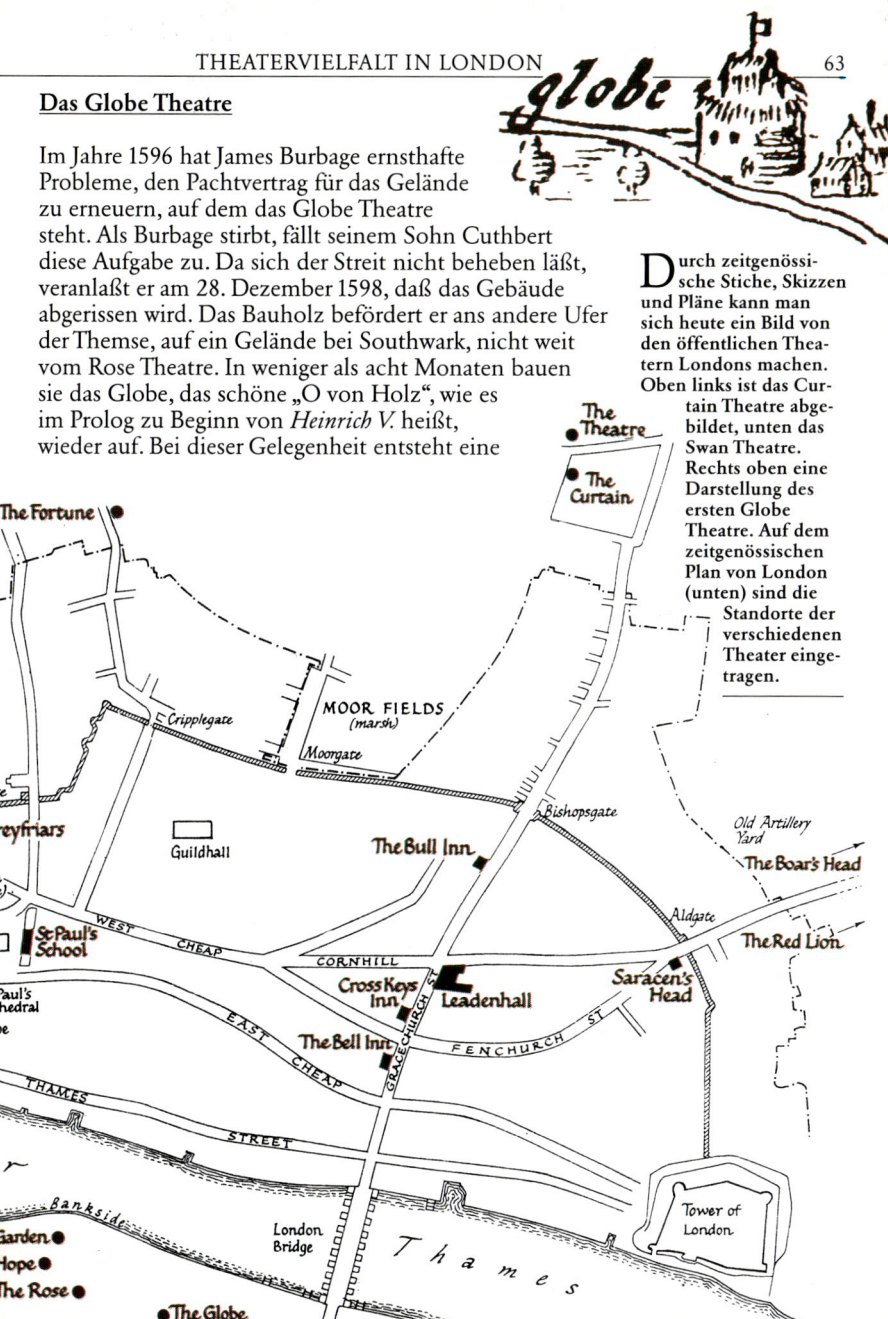

Das Globe Theatre

Im Jahre 1596 hat James Burbage ernsthafte Probleme, den Pachtvertrag für das Gelände zu erneuern, auf dem das Globe Theatre steht. Als Burbage stirbt, fällt seinem Sohn Cuthbert diese Aufgabe zu. Da sich der Streit nicht beheben läßt, veranlaßt er am 28. Dezember 1598, daß das Gebäude abgerissen wird. Das Bauholz befördert er ans andere Ufer der Themse, auf ein Gelände bei Southwark, nicht weit vom Rose Theatre. In weniger als acht Monaten bauen sie das Globe, das schöne „O von Holz", wie es im Prolog zu Beginn von *Heinrich V.* heißt, wieder auf. Bei dieser Gelegenheit entsteht eine

Durch zeitgenössische Stiche, Skizzen und Pläne kann man sich heute ein Bild von den öffentlichen Theatern Londons machen. Oben links ist das Curtain Theatre abgebildet, unten das Swan Theatre. Rechts oben eine Darstellung des ersten Globe Theatre. Auf dem zeitgenössischen Plan von London (unten) sind die Standorte der verschiedenen Theater eingetragen.

neue Geschäftsbeziehung zwischen
dem Grundstückseigentümer
Sir Nicholas Brend, den beiden
Burbage-Brüdern (Cuthbert, dem
Impresario, und Richard, dem
Schauspieler) sowie den fünf
Schauspielern der Truppe des Lord
Chamberlain. Einer von ihnen ist
Shakespeare, der nun „householder" wird, d. h. Inhaber
eines Besitzanteils am Globe Theatre. Da die Konkurrenz
dieses neuen Theaters Philip Henslowe zu stark wird, zieht
er im folgenden Jahr ans andere Ufer der Themse, in den
Norden Cripplegates. Auf einem Gelände außerhalb der
Stadt, das sein Schwiegersohn im Jahre 1599 erworben hat,
läßt er das Fortune Theatre erbauen. Im Jahre 1613 stürzt
sich Henslowe in ein weiteres großes Immobilienprojekt,
indem er die Arena und den Bärenpark des Bear Garden
westlich des Bankside zu einem Gebäude umfunktionieren
läßt. So entsteht The Hope. Dort werden sowohl Tier-
kämpfe als auch Theateraufführungen gezeigt.

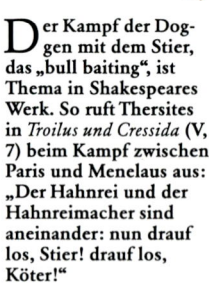

Der Kampf der Dog-
gen mit dem Stier,
das „bull baiting", ist
Thema in Shakespeares
Werk. So ruft Thersites
in *Troilus und Cressida* (V,
7) beim Kampf zwischen
Paris und Menelaus aus:
„Der Hahnrei und der
Hahnreimacher sind
aneinander: nun drauf
los, Stier! drauf los,
Köter!"

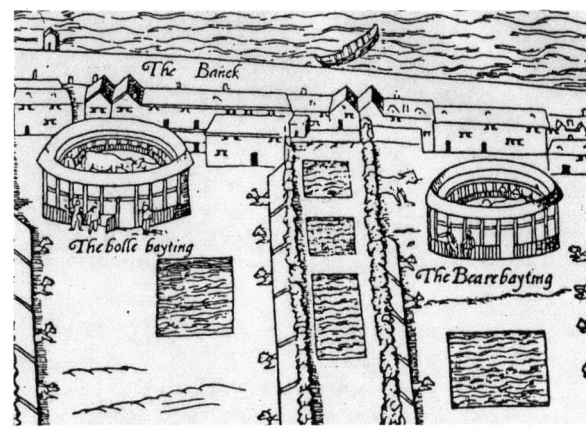

The Banck

The Bolle bayting

The Beare bayting

Ein weiteres häufiges Bild aus dem Theater Shakespeares ist das „bear baiting". Dafür gibt es offensichtlich eine besondere Art von Kampfplatz. Beim „bear baiting" werden Bluthunde auf einen Bären losgelassen, der an einen Pfosten gekettet ist. So sagt Octavius zu Antonius: „Wir stehen wie am Pfahl, und viele Feinde bellen um uns her." *Julius Caesar* (IV, 1). Macbeth, der von der Armee von Malcolm in die Enge getrieben in seinem Schloß sitzt, greift ebenfalls auf ein Bild aus diesen Tierkämpfen zurück: „Sie banden mich an den Pfahl; fliehn kann ich nicht, muß, wie der Bär, der Hatz entgegen kämpfen." *Macbeth* (V, 7). Der Bär tötet oft mehrere Hunde, bevor er manchmal selbst ihren Bissen erliegt.

Die Architektur der öffentlichen Theater

Auf Befehl des Parlaments werden all diese Theater im Jahre 1642 und 1644 zerstört. Um sie zu rekonstruieren, sind die Historiker heute, ausgehend von Zeichnungen, Plänen, Verträgen und verschiedenen anderen erhaltenen Dokumenten, auf Vermutungen angewiesen. Man stellt sich ein Theatergebäude aus der Elisabethanischen Zeit heute so vor: Die etwa 12 m hohen runden oder achteckigen Gebäude haben einen Durchmesser von etwa 25 m. Die Sitzreihen für die Zuschauer sind rund um den Theaterinnenraum auf drei Rängen eingerichtet. Insgesamt reichen Sitzreihen und Logen etwa 4 m tief in den Theaterraum, der somit kaum mehr als 20 m Durchmesser hat. Im Innenraum steht eine rechteckige, erhöhte, 12 m breite Bühne, die etwa 8 m in den Saal reicht. Was einen also erstaunt, ist die extreme Enge des Theaters. So können nie mehr als zwölf Schauspieler gleichzeitig auf der Bühne sein. Im Fortune Theatre finden 1600 Zuschauer Platz, im Globe 1400 und nur 1000 im Theatre.

Het Haene gefecht Jn

ngeLandt,

Die „Cockpit"-Spiele

Diese Hahnengrube *(cockpit)*, faßt sie die Ebnen Frankreichs?" fragt der Chor im Prolog von *Heinrich V.* Die Arenen für die Hahnenkämpfe in der Nähe der Theater am Bankside sind ebenfalls runde Bauten, wo sich die, die an Wetten teilnehmen wollen, im Kreis um das kämpfende Federvieh setzen können. Sie sind meist ebenso lebhaft und interessiert wie die Zuschauer im Globe. Nach Thomas Platter erreichen die Wetteinsätze manchmal beträchtliche Höhen, und der Kampf kann bis zu vier oder fünf Stunden dauern. Ein privates Theater in der Drury Lane heißt sogar The Cockpit. Als nach dem Ende der Regentschaft der Puritaner, während der sogenannten Restauration, d. h. während der Wiedereinsetzung des Königshauses, die Theater im Jahre 1660 wieder geöffnet werden, ist Shakespeares *Perikles* das erste Stück, das dort gespielt wird.

Die Inneneinrichtung

Alle diese Theater haben die gleiche Struktur: Es gibt eine Bühnenplattform, die zum Teil mit einem Strohdach überdacht ist und auf zwei Stützpfeilern ruht. Eine Besonderheit des Shakespeareschen Theaters ist, daß das Dach des Gebäudes, der „Himmel", mit einer Weltkugel geschmückt ist und das lateinische Motto „Totus mundus agit histrionem" trägt (Die ganze Welt spielt Komödie). Die Bühne erstreckt sich bis in die Mitte des Theaterinnenraums, der nicht überdacht ist.

Arend van Buchel verdanken wir die Zeichnung des Swan Theatre von 1596 (unten), ausgeführt auf der Grundlage einer Skizze Johannes de Witts. Van Buchel vermerkt, daß „das größte und bedeutendste der Theater [in London] das ist, das unter dem Zeichen des Schwans steht, denn es kann dreitausend Zuschauer aufnehmen".

Das Ganze ist von einer überdachten Umfassung umgeben,
in der die drei Ränge mit den
Sitzplätzen untergebracht sind.
Unten befindet sich die Loge der
Schauspieler. Auf dem obersten
Rang können entweder Zuschauer
Platz nehmen oder Musikanten
sitzen. Er bietet zusätzlich eine
weitere Spielfläche für Balkon-
szenen. Vorne auf der Bühne befindet sich eine Falltür, mit Hilfe
derer man Schauspieler unauffällig
verschwinden lassen kann. Auf der
Etage darüber ist ein Balkon mit einem
Giebel, in dem sich die Bühnenmaschinerie
befindet. Von dort schweben die Requisiten, die Götter
und Göttinnen auf die Bühne herab. Ganz oben hißt man
zum Zeichen dafür, daß eine Vorstellung läuft, eine Flagge
mit dem Namen und dem Zeichen des Theaters.

D as Rose Theatre
(Rekonstruktion
oben) ist mit einer auf-
wendigen Bühnentech-
nik ausgestattet. Im
Globe sind die Möglich-
keiten begrenzter, glaubt
man, was im Prolog zu
Heinrich V. gesagt wird:
„Stopft man wohl in
dieses O von Holz die
Helme nur, wovor bei
Agincourt die Luft er-
bebt?" Unten eine
Skizze von Henslowe.

Die elisabethanische Bühne

Die Bühne ist nicht naturalistisch, eignet sich jedoch für
den Einsatz von vielfältigen Bühnendekorationen, wie
sie Henslowe in seinem Journal aufgelistet hat: Tische,
Stühle, Schwerter, ein Cupido-Bogen, Segeltuch, das als
Sonne und Mond diente, Felsen, Denkmäler, auch ein
Kopf Mohammeds, ein Regenbogen, ein Heroldsstab, ein

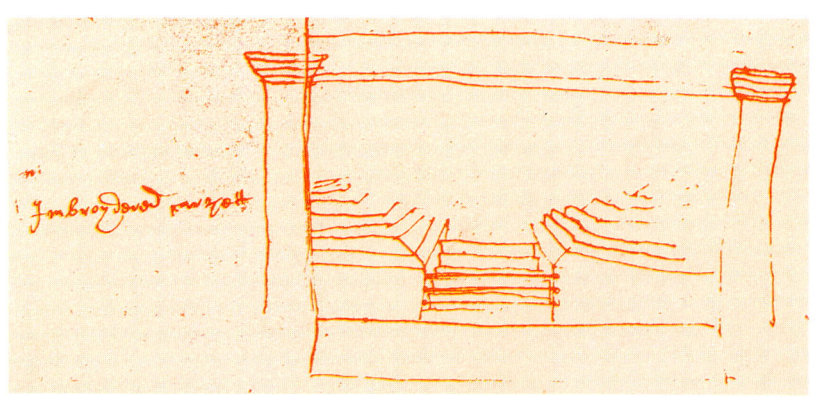

Baum mit goldenen Äpfeln, eine Drachenkette und ein Kessel für den Juden (Anspielung auf das Ende von *Der Jude von Malta* von Marlowe, wo Barabas in einen Kessel mit siedendem Öl gestürzt wird). Veränderungen des Schauplatzes werden durch den Text oder durch eine einfache Tafel angezeigt. Allerdings stellen die Nachtszenen in einem Freilufttheater ein Problem dar. Durch eine einfache Kerze oder eine symbolische Fackel werden die Zuschauer behelfsweise in die Welt der Nacht versetzt. Wie der Chor zu Beginn von *Heinrich V.* sagt, soll das Publikum mehr seine Phantasie und Vorstellungskraft wirken lassen, als nach realistischen Effekten zu suchen. Der Text genügt, um die Bühne leben zu lassen. So versetzt Edgar in *König Lear* seinen blinden Vater in den

Der Okkultist Robert Fludd schafft einprägsame, symbolträchtige Stiche, die imaginäre Theaterszenen darstellen. Fünf Türen, die auf die Bühne führen, sind mit fünf Schlüsselbegriffen verknüpft, die Zugang zu fünf Buchtiteln verschaffen. Die fünf Kreise und Rauten auf dem Schachbrett am Boden sind ebenso eine bildliche Darstellung dieses Bilderrätsels.

Glauben, er stehe am Rande des Abgrunds, in den er sich hinunterstürzen will. Edgar zählt auf, was der Vater dort unten sehen soll, die Krähen, die nicht viel größer sind als Insekten, und die Menschen, so groß wie Mäuse: „Wie graunvoll und schwindelnd ist's, so tief hinabzuschaun! Die Krähn und Dohlen, die die Mitt umflattern, sehn kaum wie Käfer aus (...) Die Fischer, die am Strande gehn entlang, sind Mäusen gleich." Schließlich tragen die prächtigen Kostüme dazu bei, die karge Fläche,

Wir Neugebornen weinen, zu betreten die große Narrenbühne.
König Lear (IV, 6)

die die Bühne zu dieser Zeit war,
etwas zu beleben. Ein Orchester
begleitet die Darbietung des Schauspiels mit Musik in unterschiedlichen Tonarten und Klangfarben.
Trommeln und Trompeten dienen
beispielsweise dazu, die Schlacht-
szenen mitreißender zu machen.
Am Ende der Vorführung improvisie-
ren die Schauspieler oft eine kleine
satirische Farce, in der sie singen und
nach dem Rhythmus einer Ballade,
der Gigue, tanzen.

Die Zuschauer

Die Kategorien der Eintrittspreise
für diese öffentlichen Theater sind
sehr unterschiedlich. Stehplätze im
Parkett kosten tatsächlich nicht
mehr als einen Penny, das sind etwa
ein Zwölftel des Wochenlohns eines
Arbeiters in London. Für Sitzplätze
und überdachte Plätze auf den

Rängen muß man etwa bis zu sechs Pence bezahlen.
Sie sind mehr den reichen Händlern der Stadt oder den
Edelleuten vorbehalten. Sechs Pence kostet ein Exemplar
eines Theaterstücks in *Quarto-
Ausgabe*…

THE TRAGEDIE OF
IVLIVS CÆSAR.

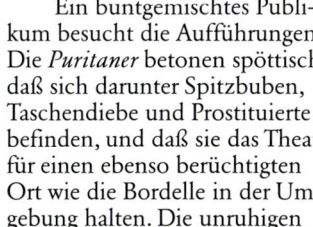

Cæs. Et Tu Brute ──── Then fall Cæsar.

Ein buntgemischtes Publi-
kum besucht die Aufführungen.
Die *Puritaner* betonen spöttisch,
daß sich darunter Spitzbuben,
Taschendiebe und Prostituierte
befinden, und daß sie das Theater
für einen ebenso berüchtigten
Ort wie die Bordelle in der Umgebung halten. Die unruhigen
Zuschauer essen und trinken während der Vorstellung und
lassen ihren Gefühlen – sowohl den Tränen als den Lach-
salven – freien Lauf. Sie lieben kraftvolle Worte und verfolgen gebannt die langen Verstiraden, die Alleyn oder
Burbage, die „Stars" des Rose Theatres und Globe Theatres,
vortragen. Theater ist für sie keinesfalls die geweihte Stätte
hoher Kultur, sondern Schauplatz lebhaften Vergnügens.

HAMLET: (…) haltet die
Rede (…) leicht von der
Zunge weg; aber wenn
Ihr den Mund so voll
nehmt wie viele unsrer
Schauspieler, so möchte
ich meine Verse ebenso-
gern von dem Ausrufer
hören. (…) laßt Euer
eignes Urteil Euren
Meister sein: paßt die
Gebärde dem Wort, das
Wort der Gebärde an;
wobei Ihr sonderlich
darauf achten müßt, nie-
mals die Bescheidenheit
der Natur zu überschrei-
ten. Denn alles, was so
übertrieben wird, ist
dem Vorhaben des
Schauspieles entgegen,
dessen Zweck sowohl
anfangs als jetzt war und
ist, der Natur gleichsam
den Spiegel vorzuhalten.
(III, 2)

FALSTAFF: **Ich war so tugendhaft gewöhnt, als ein Mann von Stande zu sein braucht. (...) ich fluchte wenig, würfelte nicht über siebenmal in der Woche, in schlechte Häuser ging ich nicht über einmal in einem Viertel – einer Stunde; (...) ich lebte gut und in gehörigen Schranken.**
Heinrich IV.
(1. Teil; III, 3)

Die Schauspieler

Berufsschauspieler sind gegen Ende des 16. Jahrhunderts etwas ganz Neues in England. Bis dahin sind die Schauspieler meist Amateure, Mitglieder der Handwerkerzünfte, die in den Mysterienspielen des Fronleichnamsfestes und in den Moralitäten mitspielen. So sieht man in *Ein Sommernachtstraum* (1595 – 1596) Zettel und seine Truppe das Stück von „Pyramus und Thisbe" proben, in der Hoffnung, es am Hofe anläßlich der Hochzeit von Herzog Theseus spielen zu dürfen. Alle sind Handwerker, die sehr verschiedene Berufe ausüben, z. B. Weber, Tischler, Schneider oder *Bälgenflicker*... Es gibt im 16. Jahrhundert auch fahrende Pantomimenspieler und Gaukler, die herumreisen und auf Jahrmärkten oder auf Dorfplätzen ihr Können zum besten geben. Allerdings werden sie von der Regierung wie Landstreicher behandelt. Eine Verfügung von 1572 stempelt einen fahrenden Schauspieler von vornherein als einen Verdächtigen ab, der ins Gefängnis geworfen, ausgepeitscht und gebrandmarkt werden kann, wenn er aufgegriffen wird. Deshalb ist es sehr wichtig, Anstellung bei einer großen Persönlichkeit zu finden, deren Livree und Wappen zu tragen und unter ihrem Schutz zu stehen.

Die Truppe des Lord Chamberlain besteht aus acht Hauptaktionären. Im Jahre 1604, nach dem Tod Elisabeths, wird ihre Zahl auf zwölf erweitert und ihre Mitglieder unter die Schirmherrschaft des Königs gestellt. „The King's Men" haben die Ehre, an dem Krönungsumzug von Jakob I. in London teilzunehmen.

Der Aktienanteil eines jeden Schauspielers entspricht der Summe, die er für den Kauf des Grundstücks, der Requisiten und der Kostüme, an denen er Miteigentümer ist, in das Unternehmen investiert hat. Die Aktionäre teilen sich die Hälfte der Einkünfte aus den Plätzen in den Rängen. Mit der anderen Hälfte werden die Kosten und der Unterhalt des Theaters bezahlt. Verständlicherweise sind die Gesamteinnahmen natürlich je nach Stück verschieden, erreichen jedoch meist eine recht beträchtliche Summe.

Zu dem festen Kern der Truppe kommen die Schauspieler hinzu, die für die Nebenrollen eingestellt werden *(hired men)*. Sie bekommen jede Woche einen Lohn, der etwas niedriger als der Durchschnittslohn eines Handwerkers ist. Außerdem gibt es noch das Dienstpersonal wie die Platzanweiser, Kostümbildner, Requisiteure, Schreiber, Musiker und nicht zuletzt den Souffleur.

Als Shakespeare stirbt, umfaßt die Truppe des Königs 26 festangestellte Schauspieler, für die damalige Zeit eine stattliche Zahl, bedenkt man, daß dieser Berufsstand erst vor so kurzer Zeit ins Leben gerufen worden ist.

Nathan Field (oben rechts, in der Mitte William Sly, links John Lowin) tritt spät in die Schauspielertruppe des Königs ein. Er übernimmt wahrscheinlich Shakespeares Stelle nach dessen Tod.

Da es uns so beliebt, (…) erteilen wir unseren Dienern Lawrence Fletcher, William Shakespeare, Richard Burbage, Augustine Philipps, John Heninges, Henry Condell, William Sly, Robert Armin, Richard Cowley und allen ihren Gesellschaftern die Erlaubnis und das Recht, die Kunst der Komödie, der Tragödie, der Historien, der Interludien, Moralitäten, Pastoralstücke und anderen Stücke auszuüben.
Jakob I., königliche Lizenz von 1603

Schauspieler John Greene (Mitte) wird durch Tourneen in Deutschland und in Österreich berühmt.

Die Frauenrollen

In der Truppe gibt es fünf oder sechs Knaben, die die Frauenrollen spielen, solange sie noch nicht im Stimmbruch sind. Sie werden als Lehrlinge der berufserfahrendsten Schauspieler betrachtet. Sind die Theater ausverkauft, werden diese Knaben gut bezahlt, doch ihr Schicksal ist ungewiß. Wenn sie in die Pubertät kommen und in den Frauenrollen nicht mehr überzeugen, haben sie oft keine andere Zukunft, als weiter in der Truppe zu bleiben und sich mit anderen Rollen vertraut zu machen.

Diese Knaben sind jedoch echte professionelle Schauspieler, die von Kindheit an Gesang, Musik, Tanz, Vortragsweise sowie weibliche Gestik und Intonation lernen. Das zeitgenössische Publikum findet sie in den Frauenrollen überzeugend. Schauspielerinnen sind im Shakespeareschen Theater nicht anzutreffen. Da stets nur wenige Knaben zur Verfügung stehen, gibt es in allen Shakespeare-Stücken weitaus mehr Männer- als Frauenrollen.

In einer lustigen Szene in *Ein Sommernachtstraum* wollen die Handwerker von Athen „Pyramus und Thisbe" am Hof spielen. Es scheint ihnen ziemlich unangenehm zu sein, die Frauenrollen zu übernehmen:

Die Possenreißer

Sehr anspruchsvoll ist die Rolle des Possenreißers. Auf der elisabethanischen Bühne unterscheidet man zwischen dem „clown" und dem „fool". Der Clown ist ein ungebildeter, derber Bauer, der im Kontrast zu den heroischen und romantischen Figuren steht. Dagegen ist der Narr (fool) ein wendiger und witziger Unterhalter, der ein buntes Gewand (motley) trägt und sein Narrenzepter schwingt.

Im Jahre 1588 stirbt Richard Tarlton. Die Gabe des kleinwüchsigen Mannes mit der auffälligen Knollennase, schlagfertige Antworten zu geben,

Squenz: **Flaut, Ihr müßt Thisbe über Euch nehmen.**
Flaut: **Was ist Thisbe? Ein irrender Ritter?**
Squenz: **Es ist das Fräulein, das Pyramus lieben muß.**
Flaut: **Ne, meiner Seel', laßt mich keine Weiberrolle machen; ich kriege schon einen Bart. (I, 2)**

Hoftes

Richard Tarlton ist oben in einer Karikatur abgebildet, er trägt den groben Wollstoff des Bauern und spielt Flöte und Trommel. Tarlton ist einer der Possenreißer im Dienste Königin Elisabeths. Daneben verfaßt er ein Theaterstück, *Die sieben Todsünden*, und ist als Mitglied in der Truppe der Königin auch ein beliebter Schauspieler.

und sein Witz waren in ganz London berühmt und haben sogar die Königin zum Lachen gebracht. So engagieren die Schauspieler des Lord Chamberlain William Kempe, einen Clown, der wunderbar in die Rolle des Tolpatsches wie die des Lanzelot Gobbo in *Der Kaufmann von Venedig* oder die des Holzapfel, des dummen Schutzmanns in *Viel Lärm um Nichts*, schlüpft. Nachdem Kempe die Truppe im Jahre 1600 verläßt, engagiert Shakespeare Robert Armin, einen kleinen, schmächtigen Mann, für den er

drollige Charaktere kreiert, so z. B.
Probstein in *Wie es Euch gefällt* oder
den geistreichen Narren in *König Lear*.
Mit seinen einfallsreichen Wortspielen
erteilt der „fool" dem König bittere
Lektionen.

Die Kunst der Schauspieler

Alle Schauspieler müssen ihr ganzes
Können und ihre ganze Energie ein-
setzen, denn die Theater, die ja auch
Wirtschaftsunternehmen sind, sind auf den Erfolg der
Stücke angewiesen, und die Konkurrenz ist groß. In der
Hauptsaison, d. h. außerhalb der Fastenzeit, in der die
Theater geschlossen sind, geben die Schauspieler jeden
Nachmittag bis auf Sonntag Vorstellungen. Außerdem
müssen sie ständig ihr Repertoire erweitern und haben im
Durchschnitt nur zwei Wochen Zeit, ein neues Stück auf
die Bühne zu bringen. Oft kommt es vor, daß ein Schau-
spieler mehrere Rollen spielt, besonders wenn die Truppe

Der Clown William
Kempe (oben) tanzt
auf der neuntägigen
Tournee von London
nach Norwich. Oft wird
der „fool" (rechts) mit
einem Blasebalg (lat.
„follis") dargestellt. Im
allgemeinen endet eine
Theatervorführung mit
einer Gigue, einem sati-
risch-derben Zwischen-
spiel: für die Zuschauer
im Parkett das Signal,
ihren Durst in den nahe-
gelegenen Tavernen zu
stillen.

Etiam asino dormienti

Dic mihi, qualis eris!

Die beliebten Embleme

Lady Drury, eine Zeitgenossin Shakespeares, malt in ihrem Haus in Hawstead, nicht weit von Cambridge, Bildtafeln, in denen auch Motive aus Shakespeares Stücken zu erkennen sind. Die Malerin läßt sich dabei größtenteils von Stichen aus *Emblembüchern* inspirieren wie z. B. denen von Geoffrey Whitney (1586) oder von Claude Paradin (1591). Diese Gemälde haben in der Regel alle dasselbe Schema: Man sieht ein Emblem, das oben ein lateinisches Motto, in der Mitte eine moralische, allegorische oder rätselhafte Gravur zeigt und unten einen kurzen Kommentar zum Bild. Auf den Bildtafeln von Lady Drury erkennt man nur ein kleines Band mit einem lateinischen Spruch. Der Schlafende mit den langen Ohren (links) stellt die Faulheit dar, doch man kann darin auch eine Illustration von Zettel in *Ein Sommernachtstraum* sehen. Die Bildtafel rechts erinnert an die Metapher des Malers, die Shakespeare im Sonett 24 verwendet: „Zum Künstler ward mein Auge, und es malt / Dein Bildnis hell an meines Herzens Wand, / Mein Leib ist nun sein / Haus, darin es strahlt, / Geformt nach Regeln und mit Kunstverstand."

F. Nusquam tuta fides

Desipui sapiendo

Weisheit ist Torheit

Eines der Embleme von Whitney (zweifellos die Vorlage zum Gemälde links) trägt den Titel „Einen Äthiopier waschen" („Aethiopem lavare"): Trotz all eurer Bemühungen, sagt die Legende, wird es euch nicht gelingen, die Farbe, die von der Natur gegeben ist, zu verändern. Aaron, der böse Mohr in *Titus Andronicus*, verteidigt seine Hautfarbe, oder genauer die des unehelichen Kindes, das er von der Kaiserin Tamora hat, folgendermaßen: „Kohlschwarz gilt mehr als jede andre Farbe, weil es verschmäht, zu dulden andre Farbe; denn alle Wasserflut im weiten Meer wäscht nicht des Schwanes schwarze Füße weiß, obschon er stündlich sie im Meere spült." (IV, 2)

Das Schiff, das gerade von einem Wal zum Kentern gebracht wird (oben), und das Motto „Nusquam tuta fides" („man soll niemals zuviel versprechen"), erinnern an die erste Szene von *Der Sturm*, wo Antonio und die Höflinge von Mailand entsetzt feststellen, daß die wild tosenden Wellen sich nicht um die Macht des Königs kümmern! Die Devise des alten Mannes (links) ist „Desipui sapiendo" („Weisheit ist Torheit"). Er erinnert an den wahnsinnig gewordenen König Lear auf der öden Heide.

nur mit kleinster Besetzung auf Tournee geht. Sie müssen also schnell lernen und über ein sehr gutes Gedächtnis verfügen. So weiß man z. B., daß die Truppe des Lord Admiral im Verlauf der Saison von 1594–1595 38 Stücke spielt, davon 21 Erstaufführungen.

Das Publikum und die Schauspieler

Das Publikum im Theater, und vor allem das im Parkett, das während der „zwei Stunden" steht, wie es im Prolog von *Romeo und Julia* heißt, will sich in den Bann des Schauspiels ziehen lassen. Seine Vorliebe für Emphase und Übertreibung ist offensichtlich. Vor diesen Zuschauern, deren Aufmerksamkeit man erst erkämpfen muß, einfach etwas in seinen Bart zu murmeln, wäre wenig erfolgversprechend.

Die Lust am Schaudern und am Schrecken ist tief in der Zuhörerschaft verankert, die größtenteils aus dem einfachen Volk stammt. Daher auch der Erfolg der Rachetragödien, die zahlreiche makabre Szenen und spektakuläre Effekte beinhalten. Der Lust an großartigen, farbigen Darstellungen, die in den Chroniken und historischen Stücken vorgeführt werden, liegt ein ausgeprägtes Nationalgefühl zugrunde, das sich durch die Niederlage der spanischen

Zur Zeit der Renaissance gibt es zahlreiche Werke wie das von Georges Silver, *Die schwierige Kunst der Verteidigung* (1599), worin die Regeln des Duells abgehandelt werden. Im Theater sind die Duell- und Kampfszenen nach strengen Regeln aufgebaut: so z. B. in der Szene in *Romeo und Julia*, in der sich Mercutio und Tybalt gegenüberstehen, genau wie Edgar und sein Halbbruder Edmund gegen Ende von *König Lear*. In der Welt der Komödien, in *Wie es Euch gefällt* oder *Was Ihr Wollt*, erscheint das Duell wie eine gefährliche Leidenschaft oder wie eine lächerliche Manie aus einer längst vergangenen Epoche.

Armada im Jahre 1588 besonders verstärkt hat. Nicht zuletzt ist der Erfolg eines Stücks wie *Edward II.* von Marlowe auf dieses Nationalgefühl zurückzuführen.

Die Zeit der fahrenden Truppen, die zahlenmäßig meist auf vier Erwachsene und zwei Knaben beschränkt waren, ist vorbei. In den öffentlichen und privaten Theatern werden jeweils verschiedene Stücke mit unterschiedlichen, eigenen Stilrichtungen gespielt. Jedes Theater hat seine eigenen Schauspielerpersönlichkeiten: Edward Alleyn, zunächst im Rose Theatre und anschließend im Fortune engagiert, wird durch seine deklamatorische Vortragsweise berühmt. Shakespeare bemüht sich, für Richard Burbage komplexe Rollen wie die des Prinzen in *Hamlet* zu schreiben, bei der sich der Held als tiefgründige und facettenreiche Persönlichkeit erweist, deren einzelne Seiten erst allmählich im Stück zutage treten. Er selbst begnügt sich als Schauspieler mit Nebenrollen. So spielt er z. B. die Figur des Adam, des alten Dieners in *Wie es Euch gefällt*, oder den Geist des Königs in *Hamlet*.

Warum hat Shakespeare seine Stücke nicht veröffentlicht?

Es mag überraschen, daß Shakespeare sich nie um die Publikation seiner Stücke gekümmert hat. Denn bereits 1598 ist belegt, daß seine Werke beim Publikum sehr gut ankommen: In *Palladis Tamia* erklärt ein gewisser Francis Meres ohne Zögern: „So wie Plautus und Seneca als die besten in der Komödie und in der Tragöde bei den Römern erachtet werden, ist Shakespeare bei den Engländern der unan-

R ichard Burbage (1568– 1619), der uns mit diesem Selbstporträt (links) sein Talent als Maler demonstriert, ist der Sohn von James Burbage, dem Gründer des Theaters. Bereits in jungen Jahren ist er der erklärte Star der Truppe von Lord Chamberlain. Auf der Bühne spielt er alle großen Rollen des Shakespeareschen Tragödienrepertoires, *Hamlet, Othello, König Lear…* Eine Anekdote, die der Jurist John Manningham im Jahre 1602 veröffentlicht, erzählt, daß Burbage, als er *Richard III.* mimte, von einer Zuschauerin zu ihr nach Hause eingeladen wird. William (Shakespeare), der alles gehört hat,

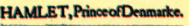

HAMLET, Prince of Denmarke.

Alas poore Yorick, I knew him Horatio

The Tragedie of King Lear.

poore Tom. O matter, and impertinency mixt, Reafon in Madnefle.

beeilt sich, ihm dort zuvorzukommen. Als sich Burbage an der Türe der Dame einfindet, gibt sie ihm knapp aber bestimmt zu verstehen, daß William der Eroberer vor Richard III. gekommen sei.

gefochtene Meister in diesen beiden Gattungen." Die einzigen Werke, die Shakespeare einem Herausgeber anvertraut, sind *Venus und Adonis* und *Die Schändung der Lukretia*. Über „seine süßen Sonette" sagt der Kritiker nur aus, daß sie „privat bei seinen Freunden" im Umlauf sind. Veröffentlicht werden sie erst im Jahre 1609.

Shakespeares Zeitgenossen kennen seinen Namen gut. Sie zitieren ihn oft mit Bewunderung. Leider ist uns jedoch keines seiner Manuskripte erhalten.

> As *Plautus* and *Seneca* are accounted the best for Comedy and Tragedy among the Latines : so *Shakespeare* among ẙ English is the most excellent in both kinds for the stage;

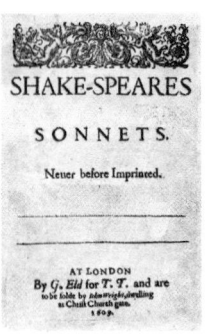

SHAKE-SPEARES

SONNETS.

Neuer before Imprinted.

AT LONDON
By *G. Eld* for *T. T.* and are
to be solde by *John wright, dwelling*
at Christ Church gate.
1609.

Theaterstücke werden zu Shakespeares Zeiten nicht als vollwertige literarische Gattung betrachtet.

Wenn das Theater auch ein einträgliches Geschäft sein kann, so kommt sein Ansehen doch nicht der Dichtkunst gleich. Die Bühnentexte sind dauernden Veränderungen unterworfen. Außerdem sind die Improvisationen des Possenreißers zu berücksichtigen, der oft von seinem Text abschweift, um das Publikum zum Lachen zu bringen. Hamlet macht die fahrenden Schauspieler, die nach Helsingör gekommen sind, darauf aufmerksam, daß sie die, „die bei euch die Narren spielen", nicht mehr sagen lassen, „als in ihrer Rolle steht: Denn es gibt ihrer, die selbst lachen, um einen Haufen alberner Zuschauer zum Lachen zu bringen…" Manche Passagen müssen noch einmal überarbeitet werden, wenn sie nicht die gewünschte Wirkung bei den Zuschauern erzielen.

Die ersten Raubausgaben

Da Shakespeare in großer Eile und unter dem Druck der Publikumserwartungen arbeitet, ist es ihm beinahe un-

Wenn sich die auf Lohn bedachte Kunst der Bühne, die zu dieser Zeit allgemein als sehr kurzlebig betrachtet wird, nach Shakespeares Worten mehr an die Zuschauer als an die Leser richtet, so gilt dies keinesfalls für die Sammlung der Sonette. Denn in einem von ihnen verkündet der Dichter stolz: „Ob ich dereinst für dich die Grabschrift dichte, / ob du noch lebst, wenn mich der Moder frißt, / kein Tod macht deinen Namen je zunichte / wenn jeder Teil von mir vergessen ist, / dein Angedenken wird unsterblich sein / wenn keiner, da ich tot bin, mein gedenkt (…) / Du lebst – so stark ist meines Werkes Grund –, / wo tiefster Atem lebt, in Menschenmund."
(Sonett 81)

möglich, einem Drucker endgültige Textfassungen zu liefern. Dennoch erscheinen einige seiner Stücke bereits zu seinen Lebzeiten in Quarto-Ausgaben. Dies sind zum Teil „schlechte" Fassungen, Raubdrucke, zum Teil aber auch Texte, wie *Richard II., Verlorene Liebesmüh', Ein Sommernachtstraum* oder der erste Teil von *Heinrich IV.*, die annähernd originalgetreu publiziert sind. Bei diesen Ausgaben

Die „guten" Quarto-Ausgaben tragen die Aufschrift „geschrieben von William Shakespeare", ohne daß sich der Autor jemals um ihre Veröffentlichung gekümmert hat.

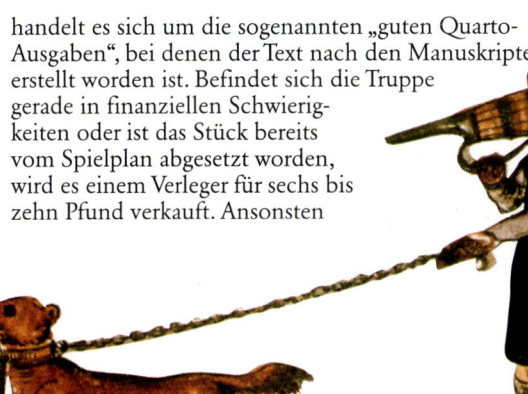

handelt es sich um die sogenannten „guten Quarto-Ausgaben", bei denen der Text nach den Manuskripten erstellt worden ist. Befindet sich die Truppe gerade in finanziellen Schwierigkeiten oder ist das Stück bereits vom Spielplan abgesetzt worden, wird es einem Verleger für sechs bis zehn Pfund verkauft. Ansonsten

In *Ein Sommernachtstraum* sorgen die Handwerker von Athen für groteske Effekte: „Du bist so weise, wie du reizend bist", erklärt die Feenkönigin verliebt dem Weber Zettel, der mit einem Eselskopf ausstaffiert ist. Er antwortet darauf: „Das nun just auch nicht" (III, 2). Ironisch gezeichnet ist auch die Figur des „Mondscheins" (unten), der das Mondlicht beim Rendezvous von Pyramus und Thisbe darstellt.

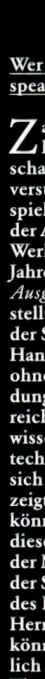

Wer war William Shakespeare?

Zahlreiche Kritiker haben jahrelang scharfsinnig aufzuzeigen versucht, daß der Schauspieler Shakespeare nicht der Autor des genialen Werks sein kann, das im Jahre 1623 in der *Folio-Ausgabe* zusammengestellt wurde. Wie hätte der Sohn eines einfachen Handschuhmachers, ohne Universitätsbildung, das sehr umfangreiche klassische, rechtswissenschaftliche und technische Wissen, das sich in seinem Werk zeigt, geistig verarbeiten können? Woher hätte er diese ganze Kenntnis der Machtstrukturen, der Sitten am Hofe und des Lebens der hohen Herrschaften beziehen können, er, der angeblich als Pferdeknecht am Theater angefangen hat? Unter den am häufigsten genannten Anwärtern auf die Ehre, die Shakespeare-Stücke verfaßt zu haben, finden sich Sir Francis Bacon sowie die Grafen von Derby, von Oxford oder Essex. Moderne Kritiker haben diese Thesen verworfen.

achten die Schauspielertruppen sehr genau darauf, daß die Exemplare, die sie besitzen, nicht vervielfältigt werden. Denn auf diese Weise sichert man sich die Aufführungsrechte am wirkungsvollsten. Sobald die Stücke veröffentlicht worden sind, kann sie jeder zu seinem eigenem finanziellen Nutzen aufführen. So wie die Zünfte streng das Geheimnis ihrer Herstellungsverfahren hüten, so wachen auch die Truppen über ihre Manuskripte, um in einer Zeit, in der die Lust nach Neuem groß ist, ihr Publikum nicht zu verlieren. Ebenso wie Kostüme, Bühnenbilder und andere Requisiten bilden die Manuskripte einen Teil des „Fundus" der Truppe. Es wäre unklug, sie an einen Verleger zu verkaufen, bevor die Theatertruppe selbst hinreichend Gewinne daraus gezogen hat.

Darüber hinaus sind die Autoren den Druckern und Verlegern nicht gerade freundlich gesinnt. Letztere haben sich in London Jahre 1557 durch einen von Mary Tudor unterzeichneten Erlaß als Gilde zusammengeschlossen. Elisabeth verlängert diesen Erlaß im Jahre 1559. Die Buchhändlergilde besitzt das Monopol über die Publikationsrechte. Nach Freigabe durch die Zensur, die der Erzbischof von Canterbury und der Bischof von London ausüben, muß jedes neue Werk zuerst ordnungsgemäß in das Register der Buchhändler eingetragen werden. Nur so erwirbt man

In England wird der Buchdruck im Jahre 1476 von William Caxton eingeführt. Der ehemalige Tuchhändler und Diplomat läßt sich in der Nähe der Westminster Abbey nieder. Auf diesem Stich oben sieht man eine Druckerpresse in Betrieb, während im Hintergrund ein Setzer die Buchstaben aus Blei zu einer Buchseite zusammenstellt. Die Namen der Drucker der Quarto-Ausgaben von Shakespeares Stücken sind bekannt. Im Gegensatz zu Thomas Millington, Thomas Pavier oder John Danter, welche die „schlechten" Quarto-Ausgaben verbreiten, veröffentlichen Andrew Wise, Matthew Law oder Cuthbert Burby nur Texte, für die sie die Rechte haben.

In London entwickelt sich der Buchhandel im Viertel um die St.-Paul's-Kathedrale, wo Shakespeare einige Zeit wohnt, doch auch in der Provinz, in Oxford und Cambridge. In der Regel erreichen die Werke eine Auflage von einigen hundert Stück. Nur die Bibel oder andere religiöse Bücher werden in Stückzahlen von einigen tausend aufgelegt.

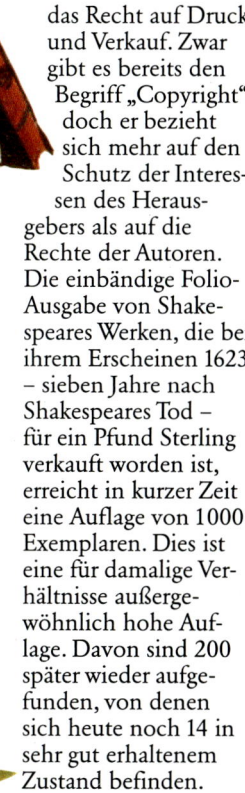

das Recht auf Druck und Verkauf. Zwar gibt es bereits den Begriff „Copyright", doch er bezieht sich mehr auf den Schutz der Interessen des Herausgebers als auf die Rechte der Autoren. Die einbändige Folio-Ausgabe von Shakespeares Werken, die bei ihrem Erscheinen 1623 – sieben Jahre nach Shakespeares Tod – für ein Pfund Sterling verkauft worden ist, erreicht in kurzer Zeit eine Auflage von 1000 Exemplaren. Dies ist eine für damalige Verhältnisse außergewöhnlich hohe Auflage. Davon sind 200 später wieder aufgefunden, von denen sich heute noch 14 in sehr gut erhaltenem Zustand befinden.

Die Figur hier links benutzt das Buch wie einen Schild. Schützt sie sich hinter den Schutzmauern des Wissens? In *Titus Andronicus* gelingt es der vergewaltigten und verstümmelten Lavinia (man hat ihr die Zunge und beide Hände abgeschnitten) dank eines Buches, der *Metamorphosen* von Ovid, ihren Vater Titus auf die Fährte der Schuldigen zu bringen:

TITUS: Wie nun, Lavinia? Was bedeutet dies? Hier muß ein Buch sein, das sie wünscht zu sehen... Von diesen, welches? Knabe, schlag sie auf: Doch du hast mehr und andre Schrift gelesen; komm, wähl in meinem ganzen Büchersaal. Und so vergiß dein Leid, bis das Geschick enthüllt den argen Stifter dieser Tat. (IV, 1)

VIERTES KAPITEL

ELISABETH I. –
MYTHOS UND PROPAGANDA

Elisabeth I. bedient sich verschiedener Symbole, um sich im Königreich als jungfräuliche, mutige Amazone zu präsentieren. Ganz besonders liebt sie das Bild der Diana, der antiken Göttin des Mondes und der Keuschheit, der Schutzgöttin der Jagd, oder das der Astraea, der Göttin der Gerechtigkeit. Shakespeare setzt wie alle zeitgenössischen Autoren diese Vorstellungen in seinem Werk um.

Die spanische Armada, die zum Angriff auf die englische Küste entsandt worden ist, wird vernichtend geschlagen und sichert so Elisabeth den Triumph über die spanisch-katholischen Streitkräfte. Auf dem Gemälde links sieht man Elisabeth, wie sie sich nach Tilbury an der Themsemündung begibt, um eine Ansprache an ihre Truppen zu halten, während in der Ferne die feindliche Flotte brennt. Auf der Miniatur (rechts) ist sie von Isaac Oliver porträtiert.

Für Darstellungen der Königin wird zu Shakespeares Zeiten oft auf Symbole der Tierwelt zurückgegriffen. So unterstreicht der Phönix, ein Bild der Jungfräulichkeit, ihren tugendhaften Charakter, wogegen der Pelikan die Aufopferung verkörpert, die Elisabeth ihrem Volk gegenüber demonstriert. Auf anderen Porträts ist sie mit einem Regenbogen oder mit dem Olivenzweig des Friedens dargestellt. Ebenso wird sie neben einem Pfeiler der Beständigkeit gezeigt, ihre Hand ruht auf einem irdischen oder himmlischen Globus. Diese Porträts stellen sie in majestätischer Haltung dar und bringen sie mit Emblemen des Mikro- und des Makrokosmos in Verbindung.

Durch Schriftsteller wie Raleigh oder Sir John Davies, die Elisabeth I. mit einer Vielzahl von symbolischen Bildern verehren, entsteht allmählich eine regelrechte Mythologie um die Königin. Diese Bilder wirken sich auf die offizielle Gestaltung von Umzügen, Empfängen und Turnieren sowie auf die Architektur aus: Nicht selten läßt sich ein Höfling einen Palast in Form eines E, des ersten Buchstabens des königlichen Vornamens, bauen.

Die Dichtung und das dramatische Schaffen der damaligen Zeit sind ebenso tief von dieser Mythologie um die Monarchin geprägt. So huldigt auch Shakespeare in seinen Komödien von 1595 bis 1600 indirekt der Königin. Ebenso ist in Shakespeares Frauenrollen seine Verehrung für die Herrscherin erkennbar, z. B. in *Wie es Euch gefällt* und *Viel Lärm um Nichts*. Rosalinde erklärt ihrem seufzenden Orlando: „Die arme Welt ist fast sechstausend Jahre alt, und die ganze Zeit über ist noch kein Mensch in eigner Person gestorben, nämlich in Liebessachen."

Beatrice antwortet Benedikt, dessen Herz „Ich liebe keine (Frau)" spricht: „Lieber wollt ich meinen Hund eine Krähe anbellen hören, als einen Mann schwören, daß er mich liebe."

Auf dem sogenannten Armada-Porträt thront die Königin in majestätischer Größe, ihre rechte Hand ruht auf dem Erdball. Nach dem Sieg der englischen Flotte wird sie von der antikatholischen Propaganda als die „große Kaiserin der Welt" dargestellt, die die Mächte des Bösen ruhmreich besiegt hat.

Auf dem Medaillon links ist die Rose, das Symbol der Tudors und Bild der Keuschheit, abgebildet; rechts die Arche.

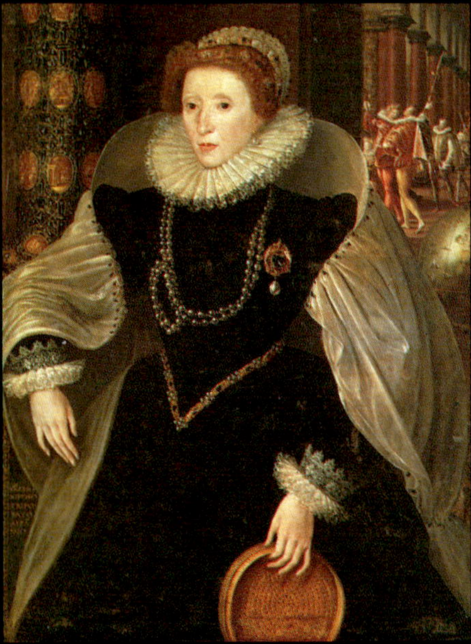

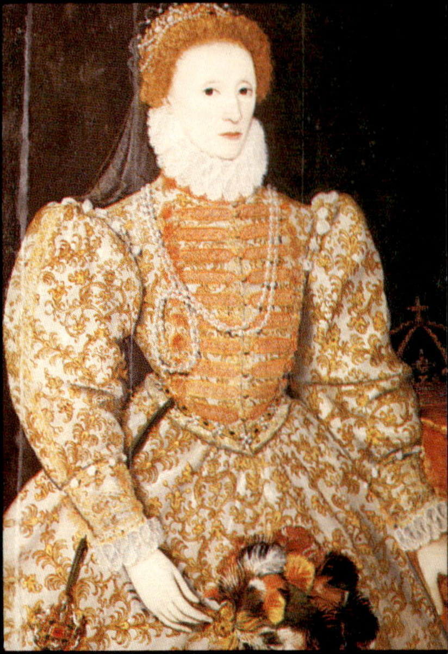

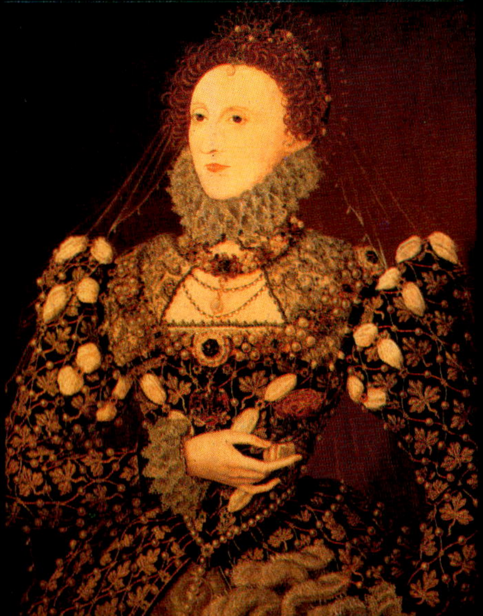

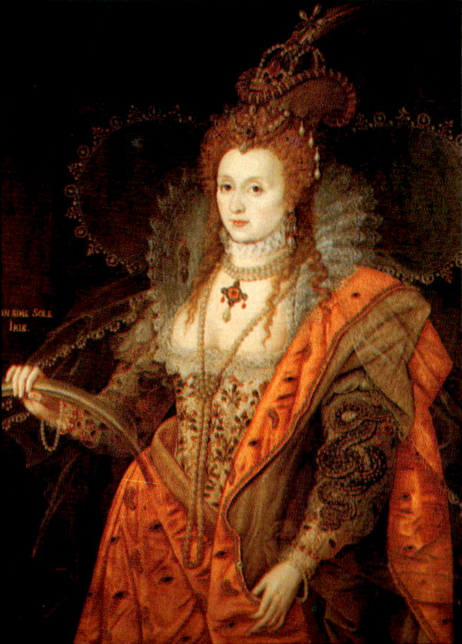
SINE SOLE
IRIS

„Ein Schelm, wer Arges dabei denkt."

Die Porträts von Elisabeth I. (vorhergehende Seiten) sind Zeugnisse für den wahren Kult, der während ihrer Regierungszeit (1558–1603) um sie besteht. Selbst ihre Kleider, die sie auf diesen Gemälden trägt, haben einen ausgeprägten Symbolcharakter. Sie stellen die Tugenden und Mächte dar, die Elisabeth I. offiziell ausstrahlen sollte. Das Sieb oder die Federn, die sie in der linken Hand hält (S. 94 oben), sind Keuschheitssymbole, ebenso die weißen Blumen auf ihrem Kleid. Die Hand auf ihrem Herzen und der Regenbogen, den sie hält (unten), unterstreichen ihre strahlende Erscheinung. Das für Sir Henry Lee gemalte Ditchley-Porträt (S. 95) soll an den Besuch der Königin in dessen Haus in der Nähe von Oxford erinnern. Elisabeth steht auf der Landkarte genau auf dem Fleck, auf dem das Haus eingezeichnet ist. Zu Beginn ihrer Herrschaft wird sie mit einer eher traditionellen Mythologie assoziiert, wie man auf dem Gemälde hier links sieht. Juno, Athene und Venus werden durch die Ankunft Elisabeths, der neuen Göttin, die ihnen an Macht, Weisheit und Schönheit mindestens ebenbürtig ist, in den Schatten gestellt.

Bilder von der idealen Monarchie

Im Ablauf einer jahreszeitlich geordneten Folge von festlichen Veranstaltungen, erscheint der Hof Elisabeths in
außerordentlichem Glanz. Im Winter, der Hauptsaison der
festlichen Ereignisse, begibt sich die Monarchin anläßlich
des Jahrestages ihrer Thronbesteigung (17. November) nach
Whitehall. Dort werden an diesem Tag prunkvolle Turniere
veranstaltet, bei denen sich die Höflinge um die Gunst
ihrer Königin streiten. All dies geschieht unter einem großen Aufgebot an Rüstungen, Pferden und Fußknechten,
die ihre Wappen zur Schau stellen und Elisabeth mit lateinischen Wahlsprüchen aufwarten. Bei den Weihnachtsfeiern,

Elisabeth I. ist eine
gesellige Königin,
die Feste und den Tanz
liebt; hier oben sieht
man sie eine Gavotte
tanzen. Diese Vorliebe
für den Tanz greift
Shakespeare in *Hein-
rich V.* auf.: Die Franzo-
sen, unter dem Ansturm
der Engländer zum
Rückzug gezwungen,
spielen ironisch darauf
an.

DAUPHIN: **Bei Treu und
Glauben! Unsre Damen
haben zum besten uns
(...).** BOURBON: **Sie
weisen uns auf die Tanz-
böden Englands, dort
hurt'ge Volten und
Couranten lehren; sie
sagen (...) wir sei'n
Läufer von der ersten
Größe.**
Heinrich V. **(III, 5)**

gibt es Musik, Bälle, Maskenspiele sowie Theaterstücke, die von Truppen der öffentlichen Theater, von der Kindertruppe des Blackfriars Theatre oder der St.-Paul's-Schule aufgeführt werden. Den Sommer pflegt die Königin mit ihrem ganzen Hofstaat in der Provinz zu verbringen. Dabei bereiten ihr ihre Vasallen prunkvolle Empfänge. Vor allem die Feste im Freien, in den Gärten oder auf Seen, wo Wasserspiele mit anschließendem Feuerwerk durchgeführt werden, sind ein gesellschaftliches Ereignis.

Aus dem Jahrestag ihrer Thronbesteigung macht Elisabeth einen wahren Nationalfeiertag. An diesem Tag werden die Glocken geläutet, und der Hof nimmt an prunkvollen Turnieren teil, bei denen die Kämpfer der Königin gegeneinander streiten, um die Mythen um die Arthurritterschaft wiederzubeleben.

Paläste und Gärten

Die Elisabethanische Epoche erlebt ein Aufblühen der Architektur. Zahlreiche hoch aufgesetzte Giebel und Kuppeln, Fassaden mit Säulen und Pilastern, gewaltige Fensterstöcke und sehr hohe Kamine, auf die Shakespeare im ersten Teil von *Heinrich VI.* anspielt, lassen die Bauten der damaligen Zeit exotisch aussehen. In dieser weder italienischen noch französischen Architektur findet man die Merkmale einer spezifisch englischen Renaissance. Im Innern der Gebäude gibt es zahlreiche großzügig angelegte Räume, so besonders den großen Prunksaal, die „hall", wo das Eichengebälk sichtbar geblieben ist. Der Fußboden ist mit Schilf ausgelegt, und an den Wänden hängen kostbare Teppiche.

Seit 1580 bezeugt der Adel eine immer größere Vorliebe für Lustgärten mit gestutzten Baumgruppen, Blumenbeete in geometrischen oder symbolischen Formen *(knots)* sowie grüne Labyrinthe *(mazes)* und Springbrunnen. In diesen Gärten stehen seltsame Statuen, und die Büsche sind in Form von heraldischen Tieren, von Chimären oder wilden Männern zugeschnitten. Auch in einer Komödie wie *Ein Sommernachtstraum* läßt sich der Einfluß dieser manieristischen Gartenkunst ablesen.

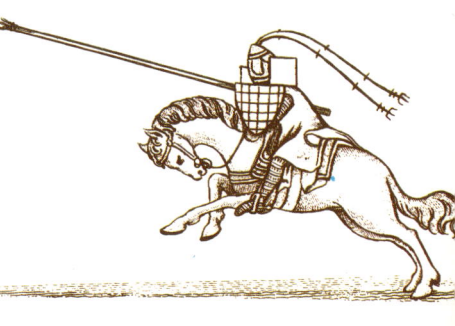

Zu höfischen Festen gehört meistens das Feuerwerk. Nicht selten sind Feuerwerkskörper an Holzstangen befestigt und können in der Hand gehalten werden (links).

Das sonderbare Gedicht in Form einer Pyramide ist ein Kompliment an die Königin. Es muß von unten nach oben gelesen werden.

Zu Ehren der Herrscherin bevorzugen die Gärtner bei der Gestaltung der Beete Blumen, die Reinheit symbolisieren (Rosen und Margeriten). In Kenilworth, Theobalds und Hatfield, große Residenzen, die mit emblematischen Parks ausgestattet sind, sind auf ihren wohlgeschnittenen Beeten die Wappen der Familie abgebildet. In diesen Gärten, wahren Traumlandschaften, finden die großen Sommerfeste zu Ehren der Königin statt. So kann sie in einer durch die Kunst der Gärtner geschickt gestalteten Natur die allegorischen Verkörperungen ihrer selbst und ihres prägenden Einflusses auf die Welt wiederfinden.

Mikrokosmos und Makrokosmos

Ebenso wie die künstliche Ordnung der Gartenanlagen mit der hierarchischen Gliederung des monarchischen Staates korrespondiert, so wird auch das Universum mit den Sternen und Planeten als Abbild himmlischer Ordnung betrachtet. Das Universum wird immer noch vom ptolemäischen Weltbild bestimmt. Danach ruht die Erde unbeweglich im Zentrum, wobei sich die

```
                Skie

              Azured
             In the
             Assur'de

          And better
          And richer
          Much greater

        Crownandempir
        After an hier
       For to aspire
       Like flame of fire
       In form of Spire

     To   mount   on hie
     Con - ti - nu - al - ly
     With travel and teen.
     Most  gracious  Queen
     Ye  have  made  a  vow
     Shews us plainly how
     Not fained but true
     To  everymans  vew
     Shining cleere in you
     Of so bright an-hewe
     Even   thus   vertewe

     Vanish  out  of  sight
     Till his fine top be quite
     To   taper   in the  ayre
     Endevours soft and faire.
     By his kindly nature.
     Of tall comely stature
     Like as this faire figure
```

sieben Planeten in konzentrischen Kreisen um sie herum bewegen. Die äußerste Sphäre bildet das Firmament und die Feuersphäre, wo die Sterne wie goldene Nägel befestigt sind. Nur eine kleine Minderheit von Gelehrten kennt oder akzeptiert bereits die neuen Theorien des Kopernikus, die

Nonsuch in der Grafschaft Surrey war eines der schönsten Schlösser Elisabeths. Es wurde im Jahre 1680 durch Brand zerstört.

nicht zum Gedankengut der damaligen Zeit gehören.

Das Fach Astrologie ist immer schon offiziell an der Universität gelehrt worden, da die traditionelle Medizin Körperrhythmus und Krankheiten auf die Bewegungen der sieben Planeten sowie auf den Einfluß der zwölf Sternzeichen auf dieses oder jenes Körperteil oder Organ zurückführt. Das Sternzeichen des Widders regiert den Kopf und das Gesicht, der Stier den Hals, die Zwillinge die Schultern, der Löwe den Rücken und das Herz, der Krebs die Brust, den Magen und die Lunge usw. Außerdem lesen die Zeitgenossen in der Bewegung der Sterne, in Erscheinungen von Kometen und in einer Sonnenfinsternis Vorzeichen für Katastrophen und für den Tod von Fürsten. Der menschliche Mikrokosmos wird nur in Beziehung zum großen makrokosmischen Ganzen gesehen.

Für Shakespeare und seine Zeitgenossen ist die Natur eine Einheit, ein harmonisches Ganzes. Als hierarchisch

Darstellung der konzentrischen Sphären des ptolemäischen Weltsystems.

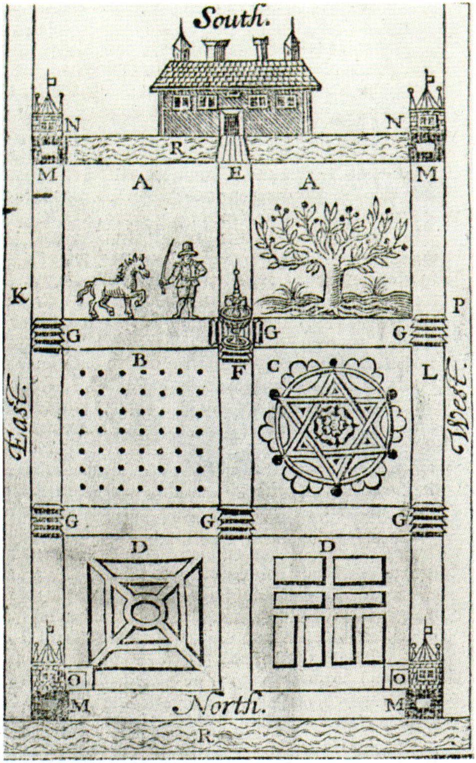

Die elisabethanischen Gärten

Die Anordnung der englischen Gärten folgt strengen Regeln. Blumenbeete sind rechteckig oder nach ausgeklügelten Motiven *(knots)*, in symbolischen Formen oder Ziermustern angelegt. Blumen und Gemüse werden wegen ihrer Farben angepflanzt und je nach ihrer Blüte- bzw. Reifezeit angeordnet. Sträucher sind so zurechtgeschnitten, daß sie geometrische Formen oder Tiergestalten annehmen. In den Parkanlagen der großen Residenzen sind oft Heckenlabyrinthe *(mazes)* angelegt, in denen man Verstecken spielt. Die Allegorie des abgeschlossenen Gartens findet man im Shakespeareschen Werk immer wieder. In *Richard II.* ist der Garten die Miniatur des Königreichs: „Was sollen wir, im Umfang eines Zauns, Gesetz und Form und recht Verhältnis halten, (...) da unser Land, der seegezäumte Garten, voll Unkraut ist; erstickt die schönsten Blumen, die Fruchtbäum unbeschnitten, dürr die Hecken, verwühlt die Beet und die gesunden Kräuter von Ungeziefer wimmelnd?" (III, 4)

geordnetes System verbindet sie die verschiedenen Bereiche des Lebens, von den Gesteinen bis zu den Engeln. Entsprechungen auf der gleichen Ebene bilden Analogien im Pflanzen- oder Tierreich mit jeder Stufe und jedem Glied in der Kette des Seins. Trotz der Vielfalt der Erscheinungen kann man die Natur durch ein Grundprinzip erklären. Denn in ihr gilt das Gesetz der Analogie und der Signaturen. Auf Grund spezieller Zeichen meint man das wahre Wesen der Dinge und des Universums entschlüsseln zu können. Verschlüsselte Bilder oder Hieroglyphen lassen das Unsichtbare indirekt in Erscheinung treten. Der Magier oder der Weise erhält durch sie die Macht, aus dem großen Buch der Natur das Werk Gottes herauszulesen. Daher rührt die Beliebtheit der *exempla* (rhetorische oder moralische Sprichwörter), der Mottos und der Emblembücher.

In der Medizin dominieren die Theorien Galens, eines griechischen Mediziners aus dem 2. Jahrhundert n. Chr. Seine Grundlehre ist die von den vier Körpersäften, nämlich Blut, gelbe Galle, Schleim (Phlegma) und schwarze Galle, deren anteilmäßige Zusammensetzung das Grundtemperament einer Person bestimmt.

Verwirrungen oder Gemütsbewegungen lassen sich nach diesem Modell durch ein Ungleichgewicht der Körpersäfte erklären, die normalerweise in genauen Proportionen im Organismus herrschen müssen. Die Melancholie, die mit einem Überschuß an schwarzer Galle einhergeht, wird als das Übel des Jahrhunderts verstanden, und man findet sie als Attribut so verschiedener Figuren

Der links abgebildete Robert Fludd (1574–1637) interessiert sich für das Theater und verfaßt auch gelehrte Traktate über die Beziehungen zwischen dem Makrokosmos (dem Universum) und dem Mikrokosmos (dem Menschen). Shakespeare teilt diese Sicht der Kosmologie. In *Troilus und Cressida* (I, 3) läßt er Ulysses diese Analogien erläutern: „Die Himmel selbst, Planeten und dies Zentrum, reihn sich nach Abstand, Rang und Würdigkeit (…) in der Ordnung Folge; (…) Oh! wird Abstufung, die Leiter aller hohen Plän, erschüttert, so krankt die Ausführung."

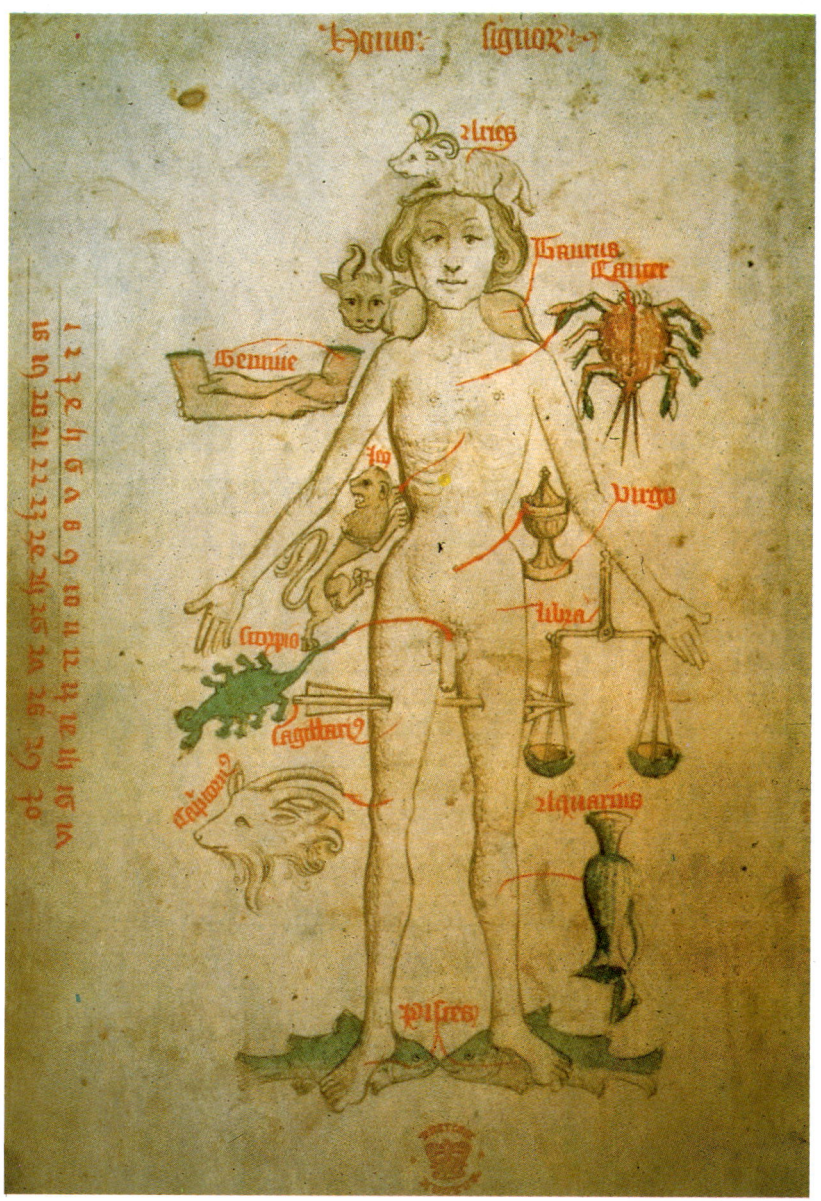

Der junge melancholische Dandy, der sich in der Pose der Resignation an einem Baum lehnt, verkörpert den Lebensverdruß, den zahlreiche Figuren Shakespeares ausdrücken.

JAQUES: Ich habe weder des Gelehrten Melancholie, die Eifersucht ist; noch des Musikers, die phantastisch ist; noch des Hofmanns, die hoffärtig ist; noch des Soldaten, die ehrgeizig ist; noch des Juristen, die politisch ist; noch der Frauen, die zimperlich ist, (…) sondern es ist eine Melancholie nach meiner Weise, (…) die gesamte Betrachtung meiner Reisen, deren öftere Überlegung mich in eine höchst launische Betrübnis einhüllt.
Wie es Euch gefällt (IV, 1)

wie Jaques, dem Moralisten, Romeo, dem Verliebten, oder Hamlet, dem Prinzen im Trauergewand, wieder.

Wenig zuverlässig sind zu dieser Zeit die Heilmittel, angefangen von den Heilkräutern bis hin zu bestimmten Tränken und Tinkturen aus unappetitlichen Bestandteilen: Spinnennetze, Hasenfelle und Eierschalen … Gegen Epidemien wie die Pest, die in den großen Städten in regelmäßigen Abständen wütet, sind diese Mittel natürlich völlig wirkungslos.

Um so mehr Einfluß gewinnen die Werke der Magier, Astrologen und Alchimisten wie Simon Forman (1552 –

1611) oder John Dee (1527–1608). Letzterer, ein Philosoph, Kabbalist, Mathematiker und Astrologe ist Autor von Almanachen, Horoskopen und verschiedenen Weissagungen. Auch am Hof schätzt man seinen Rat sehr, und es scheint, daß er einen beträchtlichen Einfluß auf die Königin hat.

Die schillernden Facetten des zeitgenössischen Glaubens und Denkens spiegeln sich in Shakespeares dramatischem Werk wider. Doch er zeigt sich nie als Sklave einer Ideologie oder eines bestimmten Gesichtspunktes; die zahlreichen Widersprüche, die man in seinen Stücken entdecken kann, vermitteln nur allzu deutlich die unendliche Vielfalt der Meinungen. So hält Ulysses in *Troilus und Cressida* eine Rede über das Chaos, das dann droht, wenn die traditionelle Hierarchie, die er „degree" nennt, nicht respektiert wird, wogegen sich der Bastard Edmund in *König Lear* über die Astrologie (und ihre gewagten Weissagungen) lustig macht: „Das ist die ausbündige Narrheit dieser Welt, daß, wenn wir an Glück krank sind, (…) wir die Schuld unsrer Unfälle auf Sonne, Mond und Sterne schieben…"

Zeitgenössische Stiche geben uns ein Bild der damaligen Medizin. Diesem Patienten soll offensichtlich die Schulter wieder eingerenkt werden (oben links). Angeborene Mißbildungen werden als Werk des Teufels gedeutet und Gelehrte wie John Dee (oben) oder Ambroise Paré (unten eine seiner Buchillustrationen, ein Kind mit einem Froschkopf) unterscheiden nicht immer zwischen Realität und Phantasie.

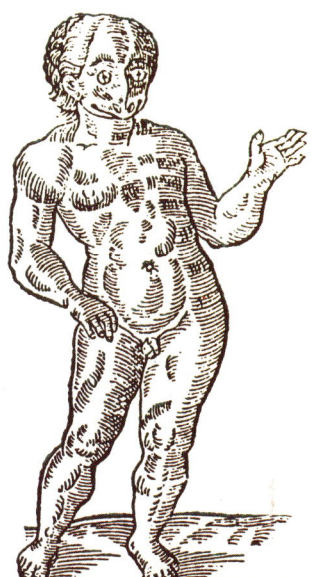

MR. WILLIAM
SHAKESPEARES

COMEDIES,
HISTORIES, &
TRAGEDIES.

Publi∫hed according to the True Originall Copies.

LONDON
Printed by I∫aac Iaggard, and Ed. Blount. 1623.

FÜNFTES KAPITEL

BAROCKE WELT DER ILLUSION

D ie große Herrscherin Elisabeth ist tot, und Jakob I. wird ihr Nachfolger. Unruhe, Zweifel und Ernüchterung bestimmen nun auch die Welt des Theaters, in der der Machiavellismus unangefochten herrscht. Shakespeare verliert seine letzten Illusionen; alles ist nur noch Maskenspiel.

J akob I. (1566–1625) ist seit der unfreiwilligen Abdankung seiner Mutter Maria Stuart im Jahre 1567 König von Schottland. Im Jahre 1603 erbt er die Krone von England. Der Tod der Königin beeinträchtigt in keiner Weise Shakespeares Aufstieg: Auch in der jakobäischen Ära setzt er seine glänzende Laufbahn fort, die er bereits in den letzten Regierungsjahren der Königin beschritten hat.

Die Thronbesteigung Jakobs I.

Am 24. März 1603 stirbt Elisabeth I. Dies ist nicht nur das Ende einer Dynastie, eine ganze Epoche findet ihren Abschluß. Da es keinen direkten Erben gibt, muß man Jakob VI. von Schottland, einem Stuart und entfernten Cousin der Königin, die Krone anbieten.

Jakob I. wird sehr bald zum Protektor der Truppe Lord Chamberlains und ernennt ihre Schauspieler zu „Schauspielern des Königs". Die Truppe führt von November 1604 bis Herbst 1605 elf Stücke auf. Zur größten Freude des Herrschers wählt sie sieben Stücke von Shakespeare, darunter

Die Beisetzung der Monarchin findet am 28. April 1603 statt. In einem feierlichen Trauerzug folgt die Menge den schwarz behangenen Pferden und schreitet langsam unter den Standarten dahin; die Hellebarden sind umgekehrt und auf den Boden gerichtet. Wenig später bricht durch eine weitere Pestepidemie erneut Trauer über London herein, so daß Jakob I. erst im März 1604 in die Stadt einzieht.

zwei neue, *Maß für Maß* und *Othello*. Der Autor ist zu dem Zeitpunkt auf dem Höhepunkt seines Ruhms. Vergöttert und beschützt von einflußreichen Freunden, grüßt man ihn von nun an mit „lieber Shakespeare" oder mit der etwas vertraulicheren Koseform „guter Will" *(good Will)*. Shakespeare genießt auch das Ansehen bei den Jüngeren. Der acht Jahre jüngere Ben Jonson, einer der hellsten Köpfe von London, singt in guter Gesellschaft wahre Loblieder auf Shakespeare und stellt ihn als kreatives Genie dar.

Eine neue Gattung: die „dunkle Komödie"

In der Zeit des Interregnums, die zwischen dem Tod Elisabeths und der Thronbesteigung Jakobs I. liegt, versucht sich Shakespeare an einer neuen Gattung, die Kritiker bald „Problemstück", bald „dunkle Komödie" nennen. Dies ist eine Gattung, die er im Kontext des Jahres 1603 mit *Troilus und Cressida* und *Ende gut, alles gut*, beides ironisch-kritische Werke, kreiert, und in den folgenden Jahren fortführt: *Maß für Maß*, *Antonius und Cleopatra*, *Timon von Athen* und *Coriolanus*. So will er anscheinend sein Mißfallen am neuen Regierungsstil zum Ausdruck bringen. Mit *Troilus und Cressida* entwirft er eine desillusionierte Version des Trojanischen Krieges. Dabei werden der antike Mythos und das antike Epos sowie der mittelalterliche Ritterkodex und das Thema der höfischen Liebe, die in *Troilus und Criseyde* von Chaucer im Vordergrund stehen, ironisch persifliert.

Beflort den Himmel, weiche Tag der Nacht! Kometen, Zeit- und Staatenwechsel kündend, schwingt die kristallnen Zöpf am Firmament und geißelt die empörten bösen Sterne, die eingestimmt zu König Heinrichs Tod", ruft der Herzog von Bedford zu Beginn des ersten Teils von *Heinrich VI.* aus. Nicht wenige der Teilnehmer am Leichenzug Elisabeths hätten diese Verse wiederholen können.

In *Ende gut, alles gut* stürzt sich die Heldin Helena auf die Eroberung des jungen Bertram von Roussillon, den sie seit ihrer Kindheit heimlich liebt. Dieser jedoch flieht vor ihr, nachdem er sie auf Anordnung des Königs von Frankreich geheiratet hat. Das Mädchen versteht es, das Vertrauen des Königs zu gewinnen. Denn dank ihrer Kenntnisse in den Geheimwissenschaften kann sie den König von einem heimlichen Leiden (von einer Fistel) erlösen. Durch Beharrlichkeit und List erreicht sie ihr Ziel: Anstelle der jungen und schönen Diana teilt sie nachts unerkannt das Bett mit dem geliebtem Bertram. In der Schlußszene erscheint Helena vor dem Hofstaat Frankreichs, der sie für tot gehalten hat, und nach einer komplizierten Enthüllung überführt sie öffentlich ihren wankelmütigen Ehemann seines vermeintlichen Treubruchs.

Schauplatz des Stückes *Maß für Maß* ist Wien. Herzog Vincentio übergibt die Macht seinem Nachfolger, dem puritanisch sittenstrengen Angelo. Dieser läßt das alte Gesetz wieder einrichten, nach dem das Verbrechen der Unzucht mit dem Tod bestraft wird, um die verkommene

Die Stücke, die Shakespeare zu Beginn der Herrschaft Jakobs I. schreibt, spiegeln Zweifel, Ernüchterung und sogar einen gewissen Pessimismus wider. In einer „Problemkomödie“ wie *Maß für Maß* ist die Welt von Wien eher schäbig, und die unbedingte Tugendhaftigkeit Isabellas ist ebenso abstoßend wie die Lasterhaftigkeit des scheinheiligen Angelo. Der Herzog, der wahrscheinlich den neuen Herrscher darstellen soll, hält seine wahre Haltung geheim. Er ist nie eindeutig zu durchschauen, selbst wenn er im Hintergrund für das Wohl aller arbeitet. In *Antonius und Cleopatra* findet man dagegen trotz der tragischen Entwicklung noch eine gewisse Faszination und ein Gefühl der Erhabenheit. Am Ende gelingt es den beiden Hauptpersonen, sich über die Erde zu erheben.

Moral der Stadt zu bessern. Als metaphysischer Machiavelli und irdisches Bild der Vorsehung überwacht der als Mönch verkleidete Herzog die ganze Handlung: Der unbestechliche Angelo verliebt sich in Isabella, eine junge Novizin, und bedient sich einer schändlichen Erpressung. Er läßt den Bruder Isabellas wegen Unzucht verurteilen, begnadigt ihn jedoch unter der Bedingung, daß sie ihm zu Willen ist. Hinter der zweideutigen Moral, hinter der durchsichtigen Allegorie der bestechlichen Macht, bringt Shakespeare die verborgenen Seiten des menschlichen Charakters an den Tag.

Mit den zwischen 1606 und 1608 geschriebenen Stücken *Antonius und Cleopatra*, *Timon von Athen* und *Coriolanus* geht Shakespeare noch weiter; er knüpft wieder

Das von Guy Fawkes angeführte „Gunpowder Plot" (oben) hat zum Ziel, den König und das Parlament (unten das königliche Gefolge) in die Luft zu sprengen. Nach seiner Aufdeckung erregt dieser Plan in England große Aufruhr. Shakespeare kennt wahrscheinlich persönlich einige der Verschwörer, die aus Stratford stammen oder Stammgäste in den Tavernen Londons sind.

an die Vitae des griechischen Geschichtsschreibers Plutarch und die antike Welt des
Mittelmeerbereichs an, welche er bereits in *Titus
Andronicus* und *Julius Caesar* auf die Bühne
gebracht hat. Diesmal macht er Ägypten, Athen
und Rom zu Metaphern für die jakobäische
Gesellschaft. Zwischen den Zeilen scheinen die
beinahe schon imperialen Absichten Jakobs I.
und die inneren Schwierigkeiten eines hochmü-
tigen, isolierten und in sich gespaltenen Adels
durch, der keinen Zugang zum Volk mehr hat.
Hier liegt der Ursprung für das Mißverständnis,
durch das ein Held wie Coriolanus in die Hände
des Römerfeindes Aufidius fällt.

Timon von Athen schließlich ist eine
düstere Fabel, die den Verfall der Werte und der
Macht des Adels gegenüber Emporkömmlingen
aus Handel und Finanzwesen beschreibt. Rui-
niert von seinen Freunden, zieht sich Timon am
Schluß als haßerfüllter Menschenverächter in
die Wüste zurück.

Der Herrscher

Als er noch Jakob VI. von Schottland ist, beschäftigt sich
Jakob Stuart sowohl mit der Wissenschaft als auch mit
dem Okkultismus. Er verfaßt mehrere politische Traktate
und ist für seine Klugheit berühmt. In seinem Werk *Dämonologie* (1597) bekennt er sich zu
seinem Glauben an Hexerei und
Schwarze Magie. Als er dann
König von England geworden ist,
vermeidet er öffentliche Auftritte
und zieht sich in seine Paläste
zurück. Er gibt sich gerne Tafel-
orgien und Trinkgelagen hin und
fühlt sich zu schönen jungen
Männern hingezogen, was bald
Anstoß erregt.

Prunk, Luxus, Verschwen-
dungssucht und die Lust am Feiern
werden zu charakteristischen Merk-
malen seines Hofes.

Dazu kommt eine neue, dem
höfischen Stil angemessene Art der

Ben Jonson, dessen
erste Komödien von
Shakespeares Truppe
gespielt werden, sieht
seinen Einfluß unter
Jakob I. wachsen, der
ihn beauftragt, Libret-
tos für die Masken-
spiele zur Unterhal-
tung des Hofes wäh-
rend der Winterzeit zu
schreiben. Sein breites
klassisches Wissen, sein
Ruf als Dichter und
seine mit einer gewissen
Rivalität verbundene
Freundschaft mit Shake-
speare bringen ihm
großes Ansehen.

Links die Titelseite
der Abhandlung
über Dämonologie, die
Jakob VI. von Schott-
land, der zukünftige
Jakob I., verfaßt hat.

Unterhaltung, die „Masque". Sie entstand aus der Zusammenarbeit eines Architekten, Inigo Jones, dem Dramatiker und Dichter Ben Jonson. Jahrzehntelang bleibt das Maskenspiel äußerst beliebt. Das erste Maskenspiel mit dem Titel *Die Maske der Dunkelheit* wird im Palast von Whitehall am Abend des Dreikönigsfestes im Jahre 1605 aufgeführt und handelt von den zwölf Töchtern des äthiopischen Flußgottes Niger, die der Gottheit Albion (England) vorgestellt werden. In dieser mit Gesängen und Balletten aufgelockerten Aufführung treten Mauren und Nymphen, Tritonen und Sirenen, Ungeheuer und Nereiden aus den Fluten auf, wobei sie ihre Edelsteine und funkelnden Kostüme zur Schau stellen.

Die Maskenspiele sind äußerst aufwendige Feste, die nur für eine einzige Aufführung veranstaltet werden. Um den Hof in Szene zu setzen, nimmt man die Dienste von Technikern und Dichtern in Anspruch. König, Königin und bedeutende Persönlichkeiten des Reiches spielen und tanzen auf der Bühne, bevor die Vorführung mit einem Ball endet. Nicht ohne Schmeichelei für den Herrscher zielt die Vorrede darauf ab, die harmonische Ordnung zu feiern, deren oberster Garant der Herrscher ist.

Gesellschaft und Regierung

Das höfische Leben zieht nach und nach den Landadel nach London, so daß sich gewachsene soziale Strukturen, die sich um die einzelnen Adelssitze auf dem Land entwickelt haben, aufzulösen beginnen. Zu Beginn des 17. Jahrhunderts kann der Landadel auf Grund dieser Landflucht

In Zusammenarbeit mit dem Architekten Inigo Jones, der für die Ausstattung und die Technik verantwortlich ist, schreibt Ben Jonson etwa 30 Maskenspiele, die er als „flüchtige Herrlichkeit einer Nacht" definiert. Diese aufwendigen Aufführungen finden meist nur an einem einzigen Abend statt. Kleider, Kostüme und Verkleidungen sind äußerst prächtig (hier die Entwürfe von Inigo Jones); finanziert wird

dieser Luxus von hochstehenden Persönlichkeiten, manchmal vom König oder von der Königin selbst, die der Aufführung beiwohnen. Dem facettenreichen Farbspiel der Ausstattung entspricht die subtile Ausgestaltung der Tanzschritte, die Ben Jonson die „Hieroglyphen des Hofes" nennt.

die finanziellen Lasten immer weniger tragen und verzichtet mehr und mehr auf einen Lebensstil, der noch das „Merrie Old England" der guten Königin Bess, wie Elisabeth damals vertraulich genannt wurde, charakterisierte. Auf politischer Ebene legt Jakob I. vor allem Nachdruck auf die Wiedervereinigung der beiden Königreiche Schottland und England. Die Virginia-Kompanie rekrutiert „Freiwillige", um die neuen Kolonien zu bevölkern, die Sir Walter Raleigh nach dem Beinamen der Königin Elisabeth benannt hat (Virginia, d. h. die Jungfräuliche). Das Interesse, welches diese Neue Welt hervorruft, ist auch Thema in *Der Sturm*, wo Shakespeare den Konflikt zwischen dem Kulturbringer, der der Magier Prospero sein möchte, und Caliban, dem Eingeborenen, der sich gegen die Kultur wehrt, thematisiert.

Eine neue Ästhetik

Überhaupt besteht zu dieser Zeit eine Vorliebe für exotische Dinge, und Shakespeare möchte wie seine Zeitgenossen für einen Moment von der dekadenten Wirklichkeit des Königreichs Abstand nehmen, um zu träumen. Doch wie seine Zeitgenossen träumt er nicht nur, sondern macht sich darüber hinaus Gedanken über die kulturellen Eigenarten der fremden Völker. Denn bis jetzt waren die fernen Welten nur Phantasiewelten gewesen: Die mittelalterliche *imago mundi*, das Weltbild, wie es durch die Karte der Kathedrale von Hereford überliefert ist, bot eine Fülle an Wundern und seltsamen Geschöpfen. Kynozephalen, Menschen mit einem Hundekopf, die Belemniten, die den Kopf direkt auf den Schultern tragen, oder die Skiopoden, deren vergrößerter Fuß als Sonnenschirm fungieren kann, stehen neben anderen Ungeheuern, deren Existenz der berühmte griechische Geschichtsschreiber Herodot bestätigte. Nun tritt diese

Die Elisabethanische Epoche ist ein Zeitalter der großen Reisen. Sir Walter Raleigh (links) setzt im Jahre 1595 seinen Fuß auf den Boden von Virginia; statt des erwarteten Goldes bringt er eine unbekannte Pflanze, die Tabakpflanze, mit, womit er ein neues Laster einführt, das die Puritaner verdammen. Im Jahre 1608 erkundet Kapitän John Smith die Bucht von Chesapeake (Karte links) und nimmt eine indianische Prinzessin, Pocahontas, mit nach England, die am Hof sehr berühmt wird.

legendenhafte, phantasiebetonte Weltsicht hinter die rationale Betrachtung der neu entdeckten Kulturen zurück. Zunehmend interessieren sich die Autoren der Renaissance für die konkreten Berichte der Reisenden aus der Neuen Welt. Die Wirklichkeit erscheint nicht mehr als das bereits entschlüsselte homogene Ganze, sondern als heterogenes Gefüge, das neue Anforderungen an den Betrachter stellt.

Diesen radikalen Umbruch des Denkens an der Schwelle zur Renaissance fordert Shakespeare auch von den Zuschauern, so z. B. in *Othello*, wo er, durch die Einführung eines Schwarzen als tragischen Helden, etwas völlig Neues versucht. Denn zu seiner Zeit sind Äthiopier und Afrikaner auf den Straßen

Der Name von Caliban, dem Eingeborenen in *Der Sturm*, ist aus einem Anagramm von „Kannibale" entstanden, was ihn mit den Indianern der Neuen Welt verbinden soll. Auf dem Stich unten eine phantasievolle Darstellung ihrer schaurigen Küche.

der großen englischen Städten noch weitgehend unbekannt. Dem Volksglauben nach sind sie mit dem Gefolge des Teufels verbunden. Othello, der edle maurische General, ist dieser teuflische Andere, der furchteinflößend und faszinierend wirkt, der vollkommen fremd und nah zugleich ist.

Nach dieser äußerst arbeitsintensiven Phase erwirbt Shakespeare ein neues Theater und stellt sich den veränderten Anforderungen. Wieder entstehen neuartige Stücke.

Das private Blackfriars Theatre

Das Blackfriars ist ein ehemaliges Dominikanerkloster, das im Jahre 1538 bei der Auflösung der Klöster durch Heinrich VIII. konfisziert wird. Das Gebäude befindet sich innerhalb der Stadtmauern ganz im Westen, genau südlich von Ludgate. Hier gibt es mit einer zwei Hektar großen Fläche ein exterritoriales Gebiet, das nicht der Gesetzgebung der City unterstellt ist.

Im Jahre 1608 richten sich die Schauspieler des Königs dort ein. Der rechteckige, überdachte Theatersaal ist etwa 20 x 14 m groß und faßt etwa 500 Zuschauer. Sie bezahlen

FERDINAND: **Wo ist wohl die Musik? In der Luft? Auf Erden? (…) sie dient einem Gott der Insel sicherlich. Ich saß am Strand und weint aufs neu den König, meinen Vater, da schlich sie zu mir über die Gewässer und lindert' ihre Wut und meinen Schmerz mit süßer Melodie (…)**
ARIEL: **Fünf Faden tief liegt Vater dein: / Sein Gebein wird zu Korallen, / Perlen sind die Augen sein. / Nichts an ihm, das soll verfallen, / das nicht wandelt Meereshut / in ein reich und seltnes Gut.**
Der Sturm **(I, 2)**

In *Der Sturm* überlebt Ferdinand, der junge Prinz von Neapel, den Schiffbruch und gelangt an Land. Plötzlich hört er himmlische Musik.

THE
TEMPEST.

relativ hohe Eintrittspreise, zwischen sechs Pennies und mehr als zwei Shillings, bekommen dafür jedoch alle einen Sitzplatz. Für die Truppe hat der feste Aufführungsort viele Vorteile. Neben der Sicherheit, stets spielen zu können, bietet jetzt die Bühnengestaltung ganz andere Möglichkeiten: Nachtszenen können beispielsweise in einem

Der überdachte Saal des Blackfriars Theatre hatte wahrscheinlich Ähnlichkeit mit den Sälen in den Londoner Colleges (oben).

The Winters Tale.

Winters Tale.

verdunkelten Raum gespielt werden. Auch wächst die Bedeutung der Musik: Schon vor der Vorstellung spielt das Orchester, und zwischen den Akten zeigt man musikalische und tänzerische Einlagen, ähnlich den Maskenspielen.

Vor allem Shakespeare weiß alle Möglichkeiten zu nutzen, die ihm dieser neue Aufführungsort bietet. Er spielt auf der ganzen Skala der Dramaturgie, um in seinen Theaterstücken phantastische Elemente und Pathos zu kombinieren. Die Welt wird zum Theater, das Theater ist die Welt, die Grenzen zwischen Kunst und Leben verschwimmen. Von nun an gehören die Bühne und das Spiel der Schauspieler zu den dominierenden Bildern in Shakespeares Stücken.

In seinen letzten Werken *Pericles, Cymbeline, Das Wintermärchen* und *Der Sturm*, die er zwischen 1609 und 1613 schreibt, kehrt Shakespeare wieder in die Welt der Komödie zurück, legt jedoch diesmal den Schwerpunkt auf das Thema der Trennung und anschließenden Wiedervereinigung von Eltern und Kindern. Das glückliche Ende

Am Ende von *Das Wintermärchen* (V, 3) enthüllt Paulina, die treue Vertraute, die Statue der Königin Hermione, die man für tot gehalten hatte:
PAULINA: So mach ich, daß das Bild sich regt, herabsteigt und Eure Hand ergreift (...) Wecke sie, Musik! Zeit ist's: sei nicht mehr Stein, komm, steig herab; Füll alle, die dich sehn, mit Staunen. Nahe, (...) Schaut, sie regt sich. *Hermione steigt herab*

dieser Stücke kommt immer in Gestalt eines wunderbaren Wiedersehens zustande, so z. B. in *Pericles*, als die junge Marina ihren Vater wiederfindet, und in *Cymbeline*. In dem Stück *Das Wintermärchen* sieht König Leontes überraschend seine Tochter Perdita wieder, die er nach ihrer Geburt verbannt hat, da er sie für illegitim hielt.

In der barocken Welt der Illusion wird das Leben als Traum dargestellt: „Wir sind solcher Stoff wie der zu Träumen, und die kleinen Leben umfaßt ein Schlaf" – ruft Prospero nach der Vorstellung des Maskenspiels aus, das er anläßlich der Verlobung von Ferdinand und Miranda geben läßt.

Das Globe Theatre brennt

Am 29. Juni 1613 bricht im Globe Theatre, an dem Shakespeare noch Besitzanteile hat, während einer

Vorstellung von *Heinrich VIII*. Feuer aus. Ausgelöst wird es durch einen Salvenschuß, der das Strohdach in Brand setzt. Schließlich brennt das ganze Theater, doch niemand kommt bei dem Feuer ums Leben. Sicherlich wird durch diesen Vorfall die Rückkehr Shakespeares in sein Haus New Place in Stratford beschleunigt.

Dort schreibt er *Die beiden edlen Vettern* in Zusammenarbeit mit John Fletcher, mit dem er bereits *Heinrich VIII*. verfaßt hat, was damals nicht ungewöhnlich ist. Diesmal jedoch tut man sich etwas schwer, Shakespeares individuellen Stil in dem eher melodramatischen Werk wiederzufinden.

Nach dem Brand seines Theaters verläßt Shakespeare London und geht nach Stratford in sein Haus New Place (links). Dieses hat eine 18 m hohe Fassade, drei Stockwerke und fünf Giebel und ist somit ein imposantes und stattliches Gebäude. Es hat vorher dem Wohltäter der Stadt, Sir Hugh Clopton, gehört.

Der „Ruhestand" und private Geschäfte

Alles, was man über Shakespeares letzte Lebensjahre weiß, läßt sich nur aus Dokumenten erschließen. Sie zeigen, daß er sich zuletzt stark der Verwaltung seiner Geschäfte gewidmet hat.

Im Jahre 1614 taucht Shakespeares Name in einem Rechtsstreit über Gemeindeland in Stratford auf, an dem er Miteigentümer ist. Zwei Jahre später, am 10. März 1616, erklärt seine nun mehr als dreißigjährige Tochter Judith, daß sie Herrn Thomas Quiney heiraten wolle, den Pächter eines Wirtshauses und Sohn eines alten Freundes von

Vom Theater Shakespeares werden auch noch die Künstler in der Viktorianischen Ära inspiriert, was sich besonders bei den zahlreichen Szenen aus der Geschichte bemerkbar macht. Hier stellt G. H. Harlow die Szene aus *Heinrich VIII.* (II, 4) dar, in der Königin Katharina vor dem Kirchengericht steht.

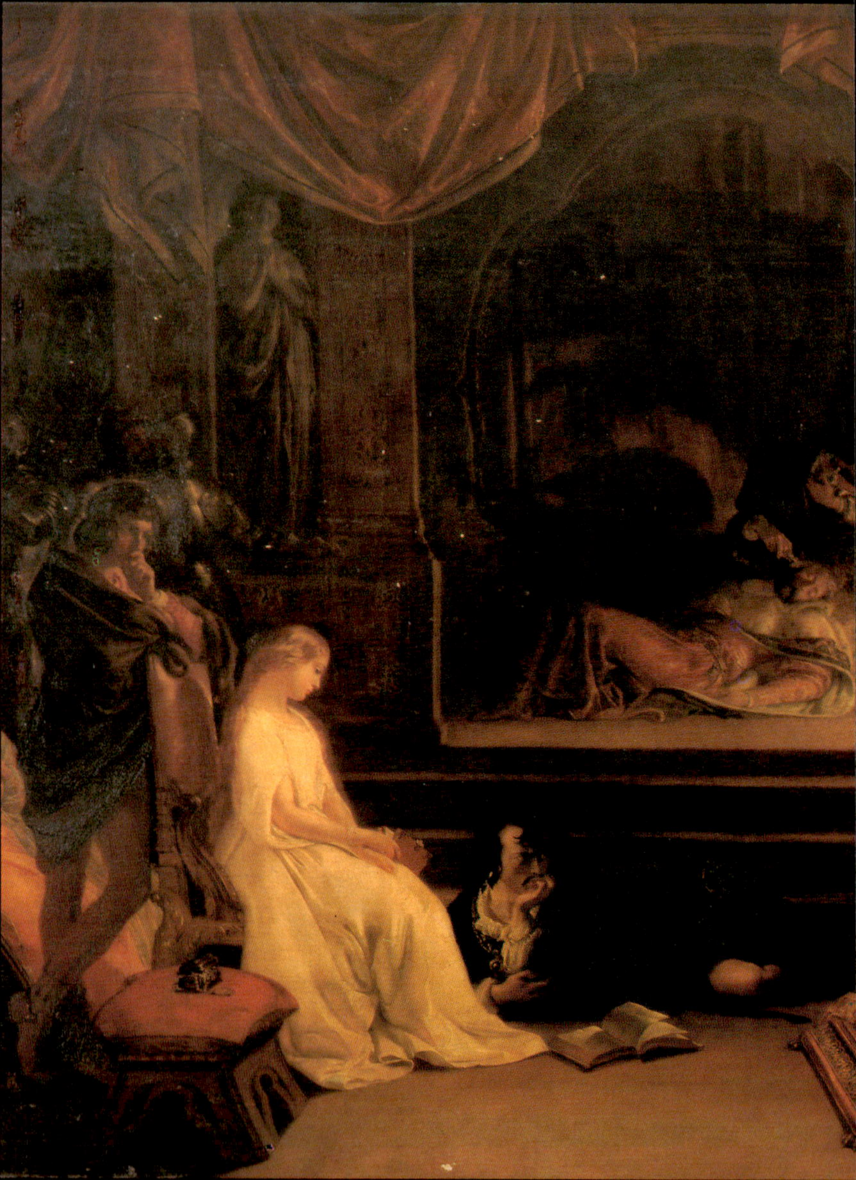

Aufwendige Inszenierungen

In diesem historischen Gemälde aus dem 19. Jahrhundert stellt der Künstler Daniel Haclise die berühmte Szene dar, in der Hamlet vor dem Hof von Dänemark die „Ermordung Gonzagos" aufführen läßt. Im Laufe der Vorstellung will er seinen Onkel Claudius überführen, der durch den Geist des ermordeten Königs des Königsmordes angeklagt ist: „Ich hab gehört, daß schuldige Geschöpfe, bei einem Schauspiel sitzend, durch die Kunst der Bühne so getroffen worden sind im innersten Gemüt, daß sie sogleich zu ihren Missetaten sich bekannt: denn Mord, hat er schon keine Zunge, spricht mit wundervollen Stimmen. Sie wollen was wie die Ermordung meines Vaters spielen vor meinem Oheim: ich will seine Blicke beachten, will ihn bis ins Leben prüfen: stutzt er, so weiß ich meinen Weg."

Hamlet (II, 2)

Daniel Haclise entfernt sich bei der Darstellung der Bankettszene in *Macbeth* (S. 124/125) noch weiter von dem schlichten Stil der Elisabethanischen Zeit und orientiert sich mehr an Verdi als an Shakespeare.

Shakespeare. In Wirklichkeit aber scheint diese Ehe nur geschlossen zu werden, um eine tragische Affäre zu vertuschen, bei dem eine gewisse Margaret Wheeler und ihr uneheliches Kind ums Leben kommen.

Am 25. März bestellt der Dramatiker seinen Notar

zu sich, um sein Testament ändern zu lassen und um seine älteste Tochter nicht der Willkür dieses rücksichtslosen Schwiegersohnes auszuliefern. In diesen drei handgezeichneten Blättern überschreibt er den wesentlichen Teil seiner Güter an Susanne und sein „Bett Nummer zwei" (ein bis heute vieldiskutierter Eintrag) seiner Frau. Vermutlich nach einer Reise nach London, von der er geschwächt zurückkehrt, vielleicht aber auch nach einer zu kräftig begossenen Mahlzeit mit seinen Freunden Michael Drayton und Ben Jonson – diese Version erzählt der Vikar von Stratford, John Ward, Jahrzehnte später –, stirbt Shakespeare am 23. April, seinem 52. Geburtstag.

1623: Die erste Gesamtausgabe erscheint

Indem sie der Nachwelt die Texte seiner Stücke hinterlassen, wollen die Schauspielerkollegen John Heminge und Henry Condell aus der Truppe des Königs Shakespeare ein ständiges Andenken bewahren. Gleichzeitig wollen sie auch gegen die skrupellosen Herausgeber kämpfen, die unter seinem Namen Stücke veröffentlichen, die er gar nicht geschrieben hat. Die Folio-Ausgabe wird von dem Drucker und Verleger William Jaggard und seinem Sohn Isaac vorbereitet und im November 1623 veröffentlicht. Sie kostet ein Pfund Sterling. Neben der Liste von 36 seiner Theaterstücke (von denen nur *Pericles* und *Die beiden edlen*

Shakespeare unterzeichnet jede der drei Seiten seines Testaments, das ein Notar aus Warwick, Francis Collins, aufsetzt. Diese drei Unterschriften gehören zu den wenigen authentischen, die aus seiner Hand stammen.

Vettern fehlen), die eingeteilt sind in Komödien, Historien und Tragödien, sind auf den einleitenden Seiten die wichtigsten Schauspieler aufgeführt, die die Stücke auf der Bühne des Globe oder des Blackfriars aufgeführt haben.

Der letzte Abschied

Shakespeares Grabstein in der St.-Trinity-Kirche trägt folgende Inschrift, die er selbst gedichtet haben soll:

„Freund, um der Liebe Jesu willen, bewahre dich davor, den Staub aufzuwühlen, der hier verschlossen ist. Gesegnet sei der, der diese Steine verschont, und verflucht sei der, der an meine Gebeine rührt."

Die Büste aus Cotswolds-Sandstein von dem flämischen Bildhauer Gheerart Janssen zeigt den Autor Shakespeare eine Gänsefeder in der rechten und ein Blatt Papier in der linken Hand haltend. Der leere Blick, mit dem dieses Porträt dem Betrachter begegnet, verleitete so manchen Besucher der Grabstätte zu der spitzen Bemerkung, er sehe aus „wie ein zufriedener Metzger." Doch wie Ben Jonson in dem Widmungsgedicht für die Folio-Ausgabe schreibt, ist das eigentliche Denkmal seines Freundes William Shakespeare sein Werk:

„Du bist ein Denkmal ohne Grab, und solange dein Werk lebt, lebst auch du."

Fürchte nicht mehr Sonnenglut / noch des Winters grimmmen Hohn! / Jetzt dein irdisch Treiben ruht, / heim gehst, nahmst den Tageslohn: / Jüngling und Jungfrau goldgehaart / zu Essenskehrers Staub geschart. / Fürstenzorn macht dir nicht Not, / Fürchte nicht Tyrannenstreich; / Sorge nicht um Kleid und Brot, / Eich und Bins ist dir nun gleich: / König, Arzt und Hochgelahrt, / All in einem Staub gepaart.
Cymbeline **(IV, 2)**

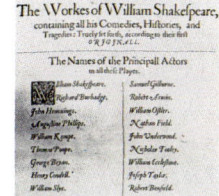

A CATALOGVE

of the feuerall Comedies, Hiftories, and Tragedies contained in this Volume.

ZEUGNISSE UND DOKUMENTE

Shakespeares Stücke – Vielfalt und Fülle

Mit der ersten Folio-Ausgabe von Shakespeares Werken im Jahre 1623 stellten seine Freunde und Schauspielerkollegen die Überlieferung eines Werkes sicher, das bis heute ein Superlativ in der Theater- und Literaturgeschichte geblieben ist.

Erste Folio-Ausgabe des 1597 vollendeten Stückes *Der Kaufmann von Venedig*

The moſt excellent

Hiſtorie of the *Merchant of Venice*.

VVith the extreame crueltie of *Shylocke* the Iewe towards the ſayd Merchant, in cutting a iuſt pound of his fleſh : and the obtayning of *Portia* by the choyſe of three cheſts.

As it hath beene diuers times acted by the Lord Chamberlaine his Seruants.

Written by William Shakeſpeare.

AT LONDON,
Printed by *I. R.* for Thomas Heyes,
and are to be ſold in Paules Church-yard, at the ſigne of the Greene Dragon.
1 6 0 0.

Sieben Jahre nach Shakespeares Tod, 1623, brachten seine Schauspielerkollegen seine Stücke zum ersten Mal gesammelt in einer einbändigen Ausgabe im Folioformat heraus. Sie folgten damit dem Beispiel, das Shakespeares großer Rivale Ben Jonson durch die Edition seiner eigenen Dramen im Jahre 1616 gegeben hatte. Daß der selbstbewußte Jonson seine Stücke veröffentlichte, bedeutete für den Literaturmarkt eine Neuerung: Um sich als ernstzunehmender Schriftsteller zu profilieren, mußte ein Autor damals üblicherweise Lyrik veröffentlichen; Theaterstücke wurden allgemein als schnellebige Unterhaltung betrachtet und, wenn überhaupt, nur in billigen Raubdrucken publiziert. Mit der einbändigen Folio-Ausgabe von Shakespeares Stücken vertreten seine Freunde und Schauspielerkollegen einen modernen, erweiterten Literaturbegriff und stellen die Überlieferung seines schriftstellerischen Werks sicher.

Anders als Jonson nannten Shakespeares Herausgeber die Sammelausgabe nicht *works (Werke)*, sondern *Mr. William Shakespeares Comedies, Histories, & Tragedies*. So betonten sie von Anfang an die Mannigfalt von Shakespeares dramatischem Schaffen.

Polonius stellt in *Hamlet* die Verläßlichkeit von Gattungsbezeichnungen in Frage, wenn er meint, es gebe „Tragödie, Komödie, Historie, Pastorale, Pastoral-Komödie, Historiko-Pastorale, Tragiko-Historie, Tragiko-Komiko-Historiko-Pastorale". Und auch bei Shakespeare selbst ist die Zuordnung der Stücke nicht eindeutig. So wird etwa ein Stück, das zu der Gruppe der Historien gehört und dort eingeordnet ist, im Text der ersten Folio-Ausgabe mit der Überschrift „The Tragedy of Richard the Third" versehen, also zugleich als Historie und als Tragödie behandelt. Aber trotzdem sind die unterschiedlichen dramatischen Gattungen und die Konzeptionen, die dahinterstehen, für Shakespeare und seine Zeitgenossen eine entscheidende Orientierung.

Die Folio-Ausgabe trennt die Stücke in die drei im Titel genannten Gruppen, die im Verlauf von Shakespeares Schaffen wechselnde Beachtung finden, jedoch nicht jeweils ausschließlich einer bestimmten Schaffensperiode zuzurechnen sind. Von den 36 Stücken in der Folio-Ausgabe – eines *(Troilus und Cressida)* wird nicht im Inhaltsverzeichnis genannt – sind 14 Komödien, 10 Historien und 12 Tragödien. Hinzu kommen *Pericles* und, wahrscheinlich zum Teil aus Shakespeares Feder stammend, *Die beiden edlen Vettern,* die zu den Komödien gehören.

Die Komödien

Die Komödien bilden die größte und zugleich am wenigsten einheitliche Gruppe. Die Spannbreite reicht von Stücken, die vor allem lustig und unterhaltsam sind und vergleichsweise wenig Tiefgang zeigen, bis zu solchen, die ernste Themen behandeln und in mancher Beziehung große Ähnlichkeit mit den Tragödien aufweisen, d. h. beispielsweise von *Der Widerspenstigen Zähmung* bis zum *Wintermärchen.* Gemeinsam ist diesen Stücken, daß sie einen guten Ausgang haben, der sich meist schon zu einem frühen

Zeitpunkt mehr oder weniger deutlich ankündigt. Der Zuschauer weiß oder ahnt zumindest, daß am Ende, wenigstens in der Welt des Theaters, alle Probleme gelöst und alle Schwierigkeiten beseitigt werden können.

In der zeitgenössischen Theaterpraxis haben die Komödien vorrangige Bedeutung. Shakespeares Publikum will unterhalten werden, und gerade in diesen Stücken sorgt Shakespeare dafür, daß die Zuschauer zu ihrem Recht kommen. Spiel und Spaß haben einen hohen Stellenwert.

Anders als sein Zeitgenosse Ben Jonson orientiert sich Shakespeare wenig an der antiken Tradition, an den Komödien des Plautus und Terenz, wo in dem von Dienern dominierten Intrigenspiel menschliche Fehlhaltungen satirisch bloßgestellt werden. Sehr viel mehr folgt er der heimischen Tradition des Volkstheaters, wo sich in den Mysterienspielen und Moralitäten schon früh komische Elemente und Figuren herausgebildet haben.

Beherrschendes Thema der Komödien ist die Liebe. Man hat deshalb – aus literaturhistorischer Sicht unrichtig, im landläufigen Wortsinn jedoch nicht unzutreffend – Shakespeares Stücke als „romantische Komödien" bezeichnet. Vor allen Dingen geht es um den Anfang einer Liebesbeziehung, das Verlieben und Verliebtsein, die Werbung um den Liebespartner. Dies bringt Shakespeare in unterschiedlichen Variationen auf die Bühne und diskutiert im Zusammenhang damit, überwiegend auf heitere Weise, menschliche Schwächen und Schwierigkeiten, die Bedeutung von Geschlechterrollen sowie Fragen von persönlicher Identität und sozialer Bedingtheit.

Man kann bei den Komödien vier Untergruppen unterscheiden, die weitgehend bestimmten Phasen in Shakespeares Entwicklung als Dramenautor entsprechen. Zu den frühen Komödien, die zwischen 1592 und 1595 entstanden sind, gehören: *Die Komödie der Irrungen, Der Widerspenstigen Zähmung, Die beiden Veroneser* sowie *Liebes Leid und Lust*; dazu müßte man seiner Art nach auch das etwas später, wohl 1597, geschriebene Stück *Die lustigen Weiber von Windsor* rechnen. Diese Stücke sind im Vergleich einfacher strukturiert als die späteren und bedienen sich oft kräftiger komischer Mittel.

Die nächste Gruppe besteht aus Komödien, deren Entstehungszeit zwischen 1595 und 1602 liegt. Man sieht diese gern als den Schwerpunkt von Shakespeares Komödienschaffen und hat sie deshalb als *mature comedies* (reife Komödien) bezeichnet. Als eine andere Bezeichnung ist *happy comedies* (fröhliche Komödien) eingeführt worden. Dazu zählen: *Ein Sommernachtstraum, Viel Lärmen um nichts, Wie es Euch gefällt* und *Was Ihr Wollt*. Hier ist die Struktur deutlich komplexer, die Bühnengesellschaft umfaßt auch Höhergestellte, die Haupthandlung steht stets in Verbindung mit einem Fürstenhof, und Komik im engeren Sinne tritt etwas zurück und wird hauptsächlich in die Nebenhandlung verlagert.

Für eine Reihe von Stücken, die etwa aus der Zeit von 1596 bis 1604 stammen, schlägt Ulrich Suerbaum die Bezeichnung „Problemkomödien" vor. Hierzu gehören: *Der Kaufmann von Venedig, Troilus und Cressida* (in der Folio-Ausgabe zwischen Historien und Tragödien eingeschoben), *Ende gut, alles gut* sowie *Maß für Maß*. In diesen Stücken dominieren ernstere Probleme, wobei *Der Kaufmann von Venedig* noch am meisten mit den fröhlichen Komödien verwandt ist.

Eine wesentlich geschlossenere Gruppe bilden vier späte Werke Shakespeares aus den Jahren 1607 bis 1611: *Pericles, Cymbeline* (in der Folio-Ausgabe unter den Tragödien eingeordnet), *Das Wintermärchen* und *Der Sturm*. Diese Stücke, die meist als Romanzen bezeichnet werden, weisen sowohl strukturelle als auch thematische Gemeinsamkeiten auf. Vor allem steht die Thematik von Schuld, Sühne und Versöhnung jedesmal auffällig im Mittelpunkt.

Die Historien

Zehn von den Stücken der Folio-Ausgabe haben die Herausgeber der Kategorie *histories* zugeordnet. Eine Historie in diesem Sinne ist nicht einfach ein Geschichtsdrama überhaupt – dann wären ja auch *Julius Caesar* oder *König Lear* Historien. Vielmehr handelt es sich um ein Stück, in dem nationale englische Geschichte dargestellt wird. Da in jedem Fall der König die Titelfigur und die entscheidende Größe für den Verlauf der geschichtlichen Ereignisse ist, hat sich im Deutschen die Bezeichnung Königsdramen für diese Gruppe eingebürgert.

Die Historien stammen, mit einer Ausnahme, aus Shakespeares früher Schaffensphase und sind zwischen 1589 und 1599 entstanden. Sie stehen damit sicher in Zusammenhang mit

Kenneth Branagh in der Titelrolle
Heinrich V. **(1984)**

dem erstarkenden englischen Nationalgefühl, das sich gegen Ende des 16. Jahrhunderts, nicht zuletzt nach dem Sieg über die Spanische Armada im Jahre 1588, herausbildete. In ihnen zeigt sich auch der sogenannte Tudor-Mythos, die von der herrschenden Dynastie geförderte Sicht der nationalen Geschichte. Besonders eng ist in den Historien die Verbindung zum elisabethanischen Weltbild und zum zyklischen Geschichtsverständnis der Zeit. Immer geht es in dem historischen Geschehen, das auf die Bühne gebracht wird, um das Grundmuster Ordnung – Sündenfall/Umsturz – Erlösung/Wiederherstellung der Ordnung. Auffälligerweise wendet sich Shakespeare im Ganzen nicht den Heroen und Blütezeiten der englischen Geschichte zu, sondern beschäftigt

sich vornehmlich mit besonderen Krisen. Er übt in den Stücken nationale Selbstkritik und unterstreicht auf der anderen Seite die Fähigkeit zum Durchhalten, die nationale Bewährung in den Kriegen mit Frankreich und bei Unruhen im eigenen Land.

Das Stück mit der historisch frühesten Handlung ist *König Johann,* welches im frühen 13. Jahrhundert spielt und in Johann Ohneland einen ausgesprochen schwachen Herrscher präsentiert. Die vier Stücke *Richard II.,* die beiden Teile von *Heinrich IV.* sowie *Heinrich V.* bilden eine lose Einheit. Sie werden als Lancaster-Tetralogie bezeichnet, weil Heinrich IV., welcher Richard II. absetzt, diesem Haus angehört. Da Shakespeare diese Folge erst später, 1595 bis 1599, schreibt, heißt sie auch Zweite Tetralogie. Die sogenannte Erste Tetralogie, die sich historisch anschließt, entsteht schon 1589 bis 1591 und umfaßt die drei Teile von *Heinrich VI.* sowie *Richard III.* Man nennt diese vier Stücke auch York-Tetralogie (durch die Niederlage Heinrichs VI. gelangt die Krone in den Besitz des Hauses York) oder Rosenkriegs-Tetralogie, da hier die Rosenkriege in einem breit angelegten Geschichtspanorama – vorwiegend episodenhaft – dargestellt werden. *König Heinrich VIII.* ist ein spätes, 1612/13 geschriebenes, ganz anders geartetes Stück.

Die beiden Richard-Stücke, die einmal einen schwachen (II.) und zum anderen einen verbrecherischen Herrscher (III.) auf dem Königsthron zeigen und das dadurch entstehende Unheil darstellen, sind nicht nur Historien, sondern zugleich auch Tragödien.

Die Tragödien

Die Tragödien, die als eigene Gruppe in der Folio-Ausgabe als letzte eingeordnet sind und die Shakespeare überwiegend in der zweiten Hälfte seines Schaffens schrieb, sind zweifellos seine berühmtesten Werke. Zuschauer und Leser haben sie seit Jahrhunderten als besonders eindrucksvoll und vielschichtig empfunden. Dabei liegt ihnen keine einheitliche und ausgearbeitete Tragödien-Konzeption, wie man sie etwa von Aristoteles kennt, zugrunde. Im Hintergrund steht lediglich die aus dem Mittelalter überlieferte Vorstellung vom Fall der Mächtigen. Die Göttin Fortuna, die immer wieder in den Texten genannt wird, stört mit ihrem Rad, an das die Menschen gebunden sind, die Ordnung der Welt und stürzt Hochstehende ins Verderben. Das kann sie sowohl willkürlich tun – oft wird sie als blind dargestellt –, als auch als Rächerin, welche gezielt Schuldige verfolgt. Zudem gibt es die von dem lateinischen Autor Seneca vertretene Konzeption, daß die Tragödie Menschen auf die Bühne bringt, die sich von übermäßigen Leidenschaften leiten lassen *(slaves of passion)*. Deren „acts of passion" durchbrechen die Ordnung und setzen das Schicksalsrad in Bewegung. Auf jeden Fall findet man in Shakespeares Tragödien beträchtliche Unterschiede, welche einmal die Schuldigkeit des Helden, zum zweiten seinen gesellschaftlichen Rang sowie schließlich den Anteil von öffentlichen und privaten Momenten betreffen.

Vier Stücke, die zwischen 1600 und 1606 entstanden, werden allgemein als Große Tragödien *(Great Tragedies)* bezeichnet. Dies sind *Hamlet, Othello, König Lear* und *Macbeth.* Als Römerdramen hat man *Julius Caesar, Antonius und Cleopatra* sowie *Coriolanus* zu einer Gruppe zusammengefaßt, wenngleich das erste Stück mindestens sieben Jahre vor den beiden anderen entstanden ist. Die übrigen Tragödien werden entweder für sich allein betrachtet oder in Relation zu anderen Stücken. Das frühe Stück *Titus Andronicus,* bluttriefendes Theater der Grausamkeit, ist, wie *Hamlet,* eine Rachetragödie. *Romeo und Julia,* eines der am meisten geschätzten Dramen Shakespeares, kann ähnlich wie *Antonius und Cleopatra* als eine Liebestragödie gesehen werden. Und das späte und zum Teil unfertige *Timon von Athen* wird gern in Beziehung zu *König Lear* gebracht.

In letzter Zeit hat die Shakespeare-Kritik den sonst am Rand stehenden Stücken vermehrte Aufmerksamkeit geschenkt. Im ganzen läßt sich jedoch feststellen, daß von Shakespeares Stücken einige, etwa die Hälfte des ganzen Korpus, deutlich mehr Beachtung gefunden haben als andere.

Aus Shakespeares Stücken werden im folgenden, in der Reihenfolge der Entstehung, Beispielstellen aus der Schlegel/Tieck-Übersetzung zitiert und mit einem Kommentar eingeleitet. Schon in dieser Auswahl zeigt sich die Vielfalt und Fülle von Shakespeares dramatischen Werken.

Raimund Borgmeier

König Richard III.

Dieses Stück schließt die Rosenkriegs-Tetralogie ab, kann aber ebenso auch für sich gesehen werden. In seinem Anfangsmonolog knüpft der Herzog von Gloster, der spätere König Richard III., an das vorausgegangene Geschehen an und eröffnet zugleich seine finsteren Pläne für die Zukunft. Die Lust an Täuschung und Verstellung, welche aus seinen Worten spricht, läßt erkennen, daß dieser höchst bühnenwirksame Charakter auf die Figur des Vice, eine Personifizierung des Lasters, in den mittelalterlichen Moralitäten-Spielen zurückgeht.

Zunächst ist Richard mit seinen virtuos durchgeführten Intrigen und Verbrechen erfolgreich, am Ende stürzt er sich und sein ganzes Land ins Verderben.

Szenenphoto aus *Richard III.*; **Inszenierung von R. Lavaudant (1984)**

GLOSTER: Nun ward der Winter unsers Mißvergnügens / Glorreicher Sommer durch die Sonne Yorks; / Die Wolken all, die unser Haus bedräut, / Sind in des Weltmeers tiefem Schoß begraben. / Nun zieren unsre Brauen Siegeskränze, / Die schart'gen Waffen hängen als Trophä'n; / Aus rauhem Feldlärm wurden muntre Feste, / Aus furchtbar'n Märschen holde Tanzmusiken. / Der grimm'ge Krieg hat seine Stirn entrunzelt, / Und statt zu reiten das geharn'schte Roß, / Um droh'nder Gegner Seelen zu erschrekken, / Hüpft er behend' in einer Dame Zimmer / Nach üppigem Gefallen einer Laute. / Doch ich, zu Possenspielen nicht gemacht, / Noch um zu buhlen mit verliebten Spiegeln; / Ich, roh geprägt, entblößt von Liebes-Majestät, / Vor leicht sich dreh'nden Nymphen mich zu brüsten; / Ich, um dies schöne Ebenmaß verkürzt. / Von der Natur um Bildung falsch betrogen, / Entstellt, verwahrlost, vor der Zeit gesandt / In diese Welt des Atmens, halb kaum fertig / Gemacht, und zwar so lahm und ungeziemend, / Daß Hunde bellen, hink' ich wo vorbei; / Ich nun, in dieser schlaffen Friedenszeit, / Weiß keine Lust, die Zeit mir zu vertreiben, / Als meinen Schatten in der Sonne spähn / Und meine eigne Mißgestalt erörtern; / Und darum, weil ich nicht als ein Verliebter / Kann kürzen diese fein beredten Tage, / Bin ich gewillt, ein Bösewicht zu werden / Und feind den eitlen Freuden dieser Tage.

König Richard III. (I, 1)

Romeo und Julia

Das sicherlich berühmteste Liebesdrama der Weltliteratur ist Shakespeares „Romeo und Julia".

Eine Nacht nur dürfen die Liebenden zusammen verbringen. Das Zwiegespräch, das sie am Ende der Nacht miteinander führen, gehört zu den Glanzstellen in Shakespeares Werk. Die lyrische Sprache ist kennzeichnend, und der hier zum Ausdruck kommende Hell-Dunkel-Kontrast durchzieht das Stück.

JULIA: Willst du schon gehn? Der Tag ist ja noch fern. / Es war die Nachtigall, und nicht die Lerche, / Die eben jetzt dein banges Ohr durchdrang; / Sie singt des Nachts auf dem Granatbaum dort. / Glaub', Lieber, mir: es war die Nachtigall.

Bochumer Inszenierung von Wolf Redl (1987) mit Thomas Wittmann als Romeo (rechts)

ROMEO: Die Lerche war's die Tagverkünderin, / Nicht Philomele; sieh den neid'schen Streif, / Der dort im Ost der Frühe Wolken säumt: / Die Nacht hat ihre Kerzen ausgebrannt, / Der muntre Tag erklimmt die dunst'gen Höh'n: / Nur Eile rettet mich, Verzug ist Tod.

JULIA: Trau' mir, das Licht ist nicht des Tages Licht, / Die Sonne hauchte dieses Luftbild aus, / Dein Fackelträger diese Nacht zu sein, / Dir auf dem Weg nach Mantua zu leuchten; / Drum bleibe noch: zu gehn ist noch nicht Not.

ROMEO: Laß sie mich greifen, ja, laß sie mich töten! / Ich gebe gern mich drein, wenn du es willst. / Nein, jenes Grau ist nicht des Morgens Auge, / Der bleiche Abglanz nur von Cynthias Stirn. / Das ist auch nicht die Lerche, deren Schlag / Hoch über uns des Himmels Wölbung trifft. / Ich bleibe gern: zum Gehn bin ich verdrossen. – / Willkommen, Tod! hat Julia dich beschlossen. – / Nun, Herz? Noch tagt es nicht, noch plaudern wir.

JULIA: Es tagt, es tagt! Auf! eile! fort von hier! / Es ist die Lerche, die so heiser singt / Und falsche Weisen, rauhen Mißton gurgelt. / Man sagt, der Lerche Harmonie sei süß; / Nicht diese: sie zerreißt die unsre ja. / Die Lerche, sagt man, wechselt mit der Kröte / Die Augen: möchte sie doch auch die Stimme! / Die Stimm' ist's ja, die Arm aus Arm uns schreckt, / Dich von mir jagt, da sie den Tag erweckt. / Stets hell und heller wird's: wir müssen scheiden.

ROMEO: Hell? Dunkler stets und dunkler unsre Leiden!

Romeo und Julia (III, 5)

Ein Sommernachtstraum

Mit dem Mittel der Sprache schafft Shakespeare in dem Stück eine traumhaft-geheimnisvolle Atmosphäre. Die märchenhafte Sonderwelt des Waldes bei Athen wird vor allem bestimmt durch die Elfen und ihren König Oberon. Der Auftrag, welchen Oberon seinem Kobold Droll (engl. Puck) erteilt, führt zu folgenschweren Verwirrungen, in denen die Irrationalität der Liebe zum Ausdruck kommt. Die skeptisch-distanzierte Erklärung der Ereignisse, die Theseus, der Herzog von Athen, in der letzten Szene zu geben versucht, wird ironisch gewendet zu einem Lobpreis der dichterischen Phantasie und ihrer schöpferischen Kraft. Fragen und Rätsel um das nächtliche Geschehen im Wald bleiben offen.

Motive aus dem *Sommernachtstraum* zeigt das Gemälde von Johann Heinrich Füssli „Titania und Zettel" (1794)

HIPPOLYTA: Was diese Liebenden erzählen, mein Gemahl, / Ist wundervoll.
THESEUS: Mehr wunderwoll, wie wahr. / Ich glaubte nie an diese Feenpossen / Und Fabelei'n. Verliebte und Verrückte / Sind beide von so brausendem Gehirn, / So bildungsreicher Phantasie, die wahrnimmt, / Was nie die kühlere Vernunft begreift. / Wahnwitzige Poeten und Verliebte / Bestehn aus Einbildung. Der eine sieht / Mehr Teufel, als die weite Hölle faßt: / Der Tolle nämlich; der Verliebte sieht / Nicht minder irr, die Schönheit Helenas / Auf einer äthiopisch braunen Stirn. / Des Dichters Aug', in schönem Wahnsinn rollend, / Blitzt auf zum Himmel, blitzt zur Erd' hinab, / Und wie die schwangre Phantasie Gebilde / Von unbekannten Dingen ausgebiert, / Gestaltet sie des Dichters Kiel, benennt / Das luft'ge Nichts und gibt ihm festen Wohnsitz. / So gaukelt die gewalt'ge Einbildung; / Empfindet sie nur irgend eine Freude, / Sie ahndet einen Bringer dieser Freude; / Und in der Nacht, wenn uns ein Graun befällt, / Wie leicht, daß man den Busch für einen Bären hält!
HIPPOLYTA: Doch diese ganze Nachtbegebenheit / Und ihrer aller Sinn, zugleich verwandelt, / Bezeugen mehr als Spiel der Einbildung. / Es wird daraus ein Ganzes voll Bestand, / Doch seltsam immer noch, und wundervoll.

Ein Sommernachtstraum (V, 1)

Der Kaufmann von Venedig

Der Titel des Stücks bezieht sich zwar auf Antonio, der mit seiner uneigennützigen Großzügigkeit und Freundschaft den weltoffenen Geist der Renaissance verkörpert. Aber die beherrschende Figur ist der Jude Shylock. In ihm treffen die Kontraste und Polaritäten zusammen, die das Stück auszeichnen (wie etwa der Gegensatz zwischen der geschäftigen Welt Venedigs und Belmont, dem Ort der Liebe und Harmonie). Shylock ist zugleich feindlicher Außenseiter (Juden waren seit drei Jahrhunderten offiziell aus Shakespeares England verbannt) und leidender Mensch. Für ihn gibt es sehr unterschiedliche Interpretationen, vom tragischen Helden bis zum Schurken.

Otis Skinner in der Rolle des Shylock im *Kaufmann von Venedig* **(1903)**

SALARINO: (…) Aber sagt uns, was hört Ihr? Hat Antonio einen Verlust zur See gehabt oder nicht?

SHYLOCK: Da hab' ich einen andern schlimmen Handel: ein Bankerottierer, ein Verschwender, der sich kaum auf dem Rialto darf blicken lassen; (…) <Er hat mich immer Wucherer genannt – er sehe sich vor mit seinem Schein! –> Er verlieh immer Geld aus christlicher Liebe – er sehe sich vor mit seinem Schein! (…) Er hat mich beschimpft, mir 'ne halbe Million gehindert; meinen Verlust belacht, meinen Gewinn bespottet, mein Volk geschmäht, meinen Handel gekreuzt, meine Freunde verleitet, meine Feinde gehetzt. Und was hat er für Grund? Ich bin ein Jude. <Hat nicht ein Jude Augen?> Hat nicht ein Jude Hände, Gliedmaßen, Werkzeuge, Sinne, Neigungen, Leidenschaften? mit derselben Speise genährt, mit denselben Waffen verletzt, denselben Krankheiten unterworfen, mit denselben Mitteln geheilt, gewärmt und gekältet von eben dem Winter und Sommer, als ein Christ? Wenn ihr uns stecht, bluten wir nicht? Wenn ihr uns kitzelt, lachen wir nicht? Wenn ihr uns vergiftet, sterben wir nicht? Und wenn ihr uns beleidigt, sollen wir uns nicht rächen? Sind wir euch in allen Dingen ähnlich, so wollen wir's euch auch darin gleich tun. Wenn ein Jude einen Christen beleidigt, was ist seine Demut? Rache. Wenn ein Christ einen Juden beleidigt, was muß seine Geduld sein nach christlichem Vorbild? Nu, Rache. Die Bosheit, die ihr mich lehrt, die will ich ausüben, und es muß schlimm hergehen, oder ich will es meinen Meistern zuvortun.

Der Kaufmann von Venedig (III, 1)

König Heinrich IV.

Neben den Ereignissen der politischen Geschichte, die hauptsächlich aus Kämpfen mit aufständischen Adligen bestehen, stellt Shakespeare in den beiden mittleren Stücken der Ersten Tetralogie auf der unteren Ebene dar, wie der Thronfolger Prinz Heinrich (Prince Hal) sich mit Säufern und Gaunern herumtreibt, dadurch jedoch das Leben in seiner bunten Fülle kennenlernt und am Ende gereift die Herrschaft antreten kann. In dieser Geschichte vom verlorenen Sohn hat der dicke Ritter Falstaff, Shakespeares berühmteste komische Figur, Nachkomme des prahlenden Soldaten aus der antiken Komödie und der Gestalt des Lasters (Vice) aus der Moralität, die Hauptrolle. In der ausgewählten Stelle spielt er den jungen Prinzen, der seinerseits den König spielt, wie er seinen Sohn wegen seines Lebenswandels zur Rede stellt.

James Hachett als Falstaff in *Heinrich IV.* (1832)

PRINZ HEINRICH: Sprichst du wie ein König? Nimm du meinen Platz ein, und ich will meinen Vater vorstellen.

FALSTAFF: Mich absetzen? Wenn du es halb so gravitätisch und majestätisch machst, in Worten und Werken, so sollst du mich bei den Beinen aufhängen wie ein Kaninchen oder einen Hasen beim Wildhändler.

PRINZ HEINRICH: Gut, hier sitz' ich.

FALSTAFF: Und hier steh' ich: nun urteilt, meine Herren!

PRINZ HEINRICH: Nun, Heinrich? Von woher kommt Ihr?

FALSTAFF: Von Eastcheap, mein gnädiger Herr.

PRINZ HEINRICH: Es werden arge Beschwerden über dich geführt.

FALSTAFF: Alle Wetter, Herr, sie sind falsch! – Ja, ich will Euch den jungen Prinzen schon eintränken, meiner Treu.

PRINZ HEINRICH: Fluchest du, ruchloser Knabe? Hinfort komm mir nicht mehr vor die Augen! Du wirst der Gnade gewaltsam abwendig gemacht; ein Teufel sucht dich heim in Gestalt eines fetten alten Mannes; eine Tonne von einem Mann ist deine Gesellschaft. Warum verkehrst du mit dem Kasten voll wüster Einfälle, dem Beuteltrog der Bestialität, dem aufgedunsenen Ballen Wassersucht, dem ungeheuren Fasse Sekt, dem vollgestopften Kaldaunensack, dem gebratnen Krönungs-Ochsen mit dem Pudding im Bauche, dem ehrwürdigen Laster, der grauen Ruchlosigkeit, dem Vater Kuppler, der Eitelkeit bei Jahren? Worin ist er gut, als im Sekt kosten und trinken? Worin sauber und reinlich, als im Kapaunen zerlegen und essen? Worin geschickt, als in Schlauigkeit? Worin schlau, als in Spitzbüberei? Worin spitzbübisch, als in allen Dingen? Worin löblich, als in gar nichts?

FALSTAFF: Ich wollte, Euer Gnaden machten sich verständlich. Wen meinen Euer Gnaden?

PRINZ HEINRICH: Den spitzbübischen abscheulichen Verführer der Jugend, Falstaff, den alten weißbärtigen Satan.

FALSTAFF: Gnädiger Herr, den Mann kenne ich.

PRINZ HEINRICH: Ich weiß, daß du ihn kennst.

FALSTAFF: Aber wenn ich sagte, ich wüßte mehr Schlimmes von ihm als von mir selbst, das hieße mehr sagen, als ich weiß. Daß er leider Gottes alt ist, das bezeugen seine weißen Haare; aber daß er, mit Respekt zu vermelden, ein Hurenweibel ist, das leugne ich ganz und gar. Wenn Sekt und Zukker ein Fehler ist, so helfe Gott den Lasterhaften! Wenn alt und lustig sein eine Sünde ist, so muß mancher alte Schenkwirt, den ich kenne, verdammt werden. Wenn es Haß verdient, daß man fett ist, so müssen Pharaos magre Kühe geliebt werden. Nein, teuerster Herr Vater, verbannt Peto, verbannt Bardolph, verbannt Poins; aber den lieben Hans Falstaff, den guten Hans Falstaff, den biedern Hans Falstaff, den tapfern Hans Falstaff, um so tapfrer, da er der alte Hans Falstaff ist: den verbanne nicht aus deines Heinrichs Gesellschaft – den verbanne nicht aus deines Heinrichs Gesellschaft: den dicken Hans verbannen, heißt alle Welt verbannen.

König Heinrich IV. erster Teil (II, 4)

Was Ihr Wollt

Wie in den anderen Komödien Shakespeares besitzt hier das Motiv der Verkleidung eine tragende Funktion: Als Cesario verkleidet, dient Viola dem Herzog von Illyrien und soll ihm helfen, die Liebe der unnahbaren Olivia zu gewinnen. Anders als der Herzog, der sich in der Pose des unglücklich Verliebten gefällt und die ihm angebotene echte Liebe nicht erkennt, und anders auch als Olivia, die meint, den schönen Jüngling (der gar keiner ist) zu lieben, sieht Viola ihre wirkliche Situation und benutzt ihre Maske, um die Wahrheit zu sagen.

HERZOG: (…) Einmal noch, Cesario, / Begib dich zu der schönen Grausamkeit: / Sag, meine Liebe, höher als die Welt, / Fragt nicht nach weiten Strekken staub'gen Landes; / Die Gaben, die das Glück ihr zugeteilt, / Sag ihr, sie wiegen leicht mir wie das Glück. / Das Kleinod ist's, der Wunderschmuck, worein / Natur sie faßte, was mich an sie zieht.

VIOLA: Doch, Herr, wenn sie Euch nun nicht lieben kann?

HERZOG: Die Antwort nehm' ich nicht.

VIOLA: Ihr müßt ja doch. / Denkt Euch, ein Mädchen, wie's vielleicht eins gibt, / Fühl' eben solche Herzenspein um Euch / Als um Olivien Ihr; Ihr liebt sie nicht, / Ihr sagt's ihr: muß sie nicht die Antwort nehmen?

HERZOG: Nein, keines Weibes Brust / Erträgt der Liebe Andrang, wie sie klopft / In meinem Herzen; keines Weibes Herz / Umfaßt so viel; sie können nicht beharren. / Ach, deren Liebe kann Gelüst nur heißen / (Nicht Regung ihres Herzens, nur des

Jean Forbes-Robertson in der Rolle der Viola und Gladys Cooper als Olivia (1939)

Gaums), / Die Sattheit, Ekel, Über-
druß erleiden; / Doch meine ist so
hungrig wie die See, / Und kann
gleich viel verdaun: vergleiche nim-
mer / Die Liebe, so ein Weib zu mir
kann hegen, / Mit meiner zu Olivien!
VIOLA: Ja, doch ich weiß –
HERZOG: Was weißt du? Sag mir an!
VIOLA: Zu gut nur, was ein Weib für
Liebe hegen kann. / Fürwahr, sie sind
so treuen Sinns wie wir. / Mein Vater
hatt' eine Tochter, welche liebte, / Wie
ich vielleicht, wär' ich ein Weib, mein
Fürst, / Euch lieben würde.
HERZOG: Was war ihr Lebenslauf?
VIOLA: Ein leeres Blatt, / Mein Fürst.
Sie sagte ihre Liebe nie, / Und ließ
Verheimlichung, wie in der Knospe /
Den Wurm, an ihrer Purpurwange
nagen. / Sich härmend, und in blei-
cher, welker Schwermut, / Saß sie wie
die Geduld auf einer Gruft, / Dem

Grame lächelnd. Sagt, war das nicht
Liebe? / Wir Männer mögen leicht
mehr sprechen, schwören, / Doch der
Verheißung steht der Wille nach. /
Wir sind in Schwüren stark, doch in
der Liebe schwach.
HERZOG: Starb deine Schwester dann
an ihrer Liebe?
VIOLA: Ich bin, was aus des Vaters
Haus an Töchtern / Und auch von
Brüdern blieb; und doch, ich weiß
nicht – soll ich zu dieser Dame?
HERZOG: Ja, das war es. / Rasch, zu
ihr! Überreich' ihr dies Juwel. / Und
mach aus meiner Ungeduld kein
Hehl.
(Sie gehen ab.)

Was Ihr Wollt (II, 4)

Hamlet

*Es ist kein Zufall, daß in dem berühmtesten Drama
der Weltliteratur gerade die Monologe des Titelcharak-
ters am meisten Beachtung gefunden haben: Hamlet
ist die überragende Figur; aus seiner Sicht verfolgen
wir fast ausschließlich das Geschehen auf der Bühne,*

HAMLET: To be, or not to be, that is the question:
Whether 'tis nobler in the mind to suffer
The slings and arrows of outrageous fortune,
Or to take arms against a sea of troubles,
And by opposing, end them. To die, to sleep –
No more, and by a sleep to say we end
The heart-ache and the thousand natural shocks
That flesh is heir to; 'tis a consummation
Devoutly to be wish'd. To die, to sleep –
To sleep, perchance to dream – ay, there's the rub,
For in that sleep of death what dreams may come,
When we have shuffled off this mortal coil,
Must give us pause; there's the respect
That makes calamity of so long life:
For who would bear the whips and scorns of time,
Th' oppressor's wrong, the proud man's contumely,
The pangs of despis'd love, the law's delay,
The insolence of office, and the spurns
That patient merit of th' unworthy takes,
When he himself might his quietus make
With a bare bodkin; who would fardels bear,
To grunt and sweat under a weary life,
But that the dread of something after death,
The undiscover'd country, from whose bourn
No traveller returns, puzzles the will,
And makes us rather bear those ills we have,
Than fly to others that we know not of?
Thus conscience does make cowards [of us all],
And thus the native hue of resolution
Is sicklied o'er with the pale cast of thought,
And enterprises of great pitch and moment
With this regard their currents turn awry,
And lose the name of action. – Soft you now,
The fair Ophelia. Nymph, in thy orisons
Be all my sins rememb'red.

in dem Schuld, Strafe und Rache, aber auch die Schau-
spielkunst, Verstellung, Schein und Sein zentrale Themen-
komplexe bilden. Hamlet ist nicht bloß eine Rachetragödie.
So gehen die Gedanken, die der Dänenprinz in seinem
sprichwörtlich bekannten Dialog äußert, weit über seine
unmittelbare Handlungssituation hinaus und beschäfti-
gen sich mit Grundproblemen des Menschen.

HAMLET: Sein oder Nichtsein, das ist hier die Frage:
Ob's edler im Gemüt, die Pfeil' und Schleudern
Des wütenden Geschicks erdulden, oder,
Sich waffnend gegen eine See von Plagen,
Durch Widerstand sie enden. Sterben – schlafen –
Nichts weiter! – und zu wissen, daß ein Schlaf
Das Herzweh und die tausend Stöße endet,
Die unsers Fleisches Erbteil – 's ist ein Ziel,
Aufs innigste zu wünschen. Sterben – schlafen –
Schlafen! Vielleicht auch träumen! – Ja, da liegt's:
Was in dem Schlaf für Träume kommen mögen,
Wenn wir den Drang des Ird'schen abgeschüttelt,
Das zwingt uns still zu stehn. Das ist die Rücksicht,
Die Elend läßt zu hohen Jahren kommen.
Denn wer ertrüg' der Zeiten Spott und Geißel,
Des Mächt'gen Druck, des Stolzen Mißhandlungen,
Verschmähter Liebe Pein, des Rechtes Aufschub,
Den Übermut der Ämter, und die Schmach,
Die Unwert schweigendem Verdienst erweist,
Wenn er sich selbst in Ruh'stand setzen könnte
Mit einer Nadel bloß? Wer trüge Lasten,
Und stöhnt' und schwitzte unter Lebensmüh'?
Nur daß die Furcht vor etwas nach dem Tod –
Das unentdeckte Land, von des Bezirk
Kein Wandrer wiederkehrt – den Willen irrt,
Daß wir die Übel, die wir haben, lieber
Ertragen, als zu unbekannten fliehn.
So macht Gewissen Feige aus uns allen;
Der angebornen Farbe der Entschließung
Wird des Gedankens Blässe angekränkelt;
Und Unternehmungen voll Mark und Nachdruck,
Durch diese Rücksicht aus der Bahn gelenkt,
Verlieren so der Handlung Namen. – Still!
Die reizende Ophelia. – Nymphe, schließ'
In dein Gebet all meine Sünden ein!

Hamlet (III, 1)

Troilus und Cressida

*In diesem eigentümlichen Stück, das
schon die Herausgeber der Folio-Ausgabe
nicht recht einordnen konnten, behandelt
Shakespeare anhand des Troja-Stoffes
satirisch die Themen Krieg und Liebe.
Die Rede des Ulysses (Odysseus) vor den
griechischen Feldherren wird oft zitiert,
weil sie sehr gut das elisabethanische
Weltbild mit seiner auf Hierarchie bzw.
Abstufung (degree) beruhenden Ordnung
und den Entsprechungen zwischen den
verschiedenen Ebenen und Bereichen
wiedergibt.*

ULYSSES: (…)
Die Himmel selbst, Planeten und dies
Zentrum, / Reihn sich nach Abstand,
Rang und Würdigkeit, / Beziehung,
Jahrszeit, Form, Verhältnis, Raum, /
Amt und Gewohnheit in der Ordnung
Folge; / Und deshalb thront der majestät'sche Sol, / Als Hauptplanet, in
höchster Herrlichkeit / Vor allen
andern; sein heilkräftig Auge / Verbessert den Aspekt bösart'ger Sterne, /
Und trifft, wie Königs Machtwort, allbeherrschend / Auf Gut' und Böses.
Doch wenn die Planeten / In schlimmer Mischung irren ohne Regel, /
Welch Schreckniß! Welche Plag' und
Meuterei! / Welch Stürmen auf der
See! Wie bebt die Erde! / Wie rast der
Wind! Furcht, Umsturz, Graun und
Zwiespalt / Reißt nieder, wühlt, zerschmettert und entwurzelt / Die Eintracht und vermählte Ruh' der
Staaten / Ganz aus den Fugen! Oh,
wird Abstufung, / Die Leiter aller
hohen Plan', erschüttert, / So krankt
die Ausführung. (…)
Tilg' Abstufung, verstimme diese
Saite, / Und höre dann den Mißklang!
Alles träf' / Auf offnen Widerstand.
Empört dem Ufer / Erschwöllen die
Gewässer übers Land, / Daß sich in
Schlamm die feste Erde löste; / Macht
würde der Tyrann der blöden Schwäche, / Der rohe Sohn schlüg' seinen
Vater tot; / Kraft hieße Recht – nein,
Recht und Unrecht, deren / Endlosen
Streit Gerechtigkeit vermittelt, / Verlören, wie Gerechtigkeit, den Namen. /
Dann löst sich alles auf nur in
Gewalt, / Gewalt in Willkür, Willkür
in Begier; / Und die Begier, ein allgemeiner Wolf, / Zwiefältig stark durch
Willkür und Gewalt, / Muß dann die
Welt als Beute an sich reißen / Und
sich zuletzt verschlingen.

Troilus und Cressida (I, 3)

Ajax und Thersites, gespielt von H.-Th. Branding (links) und W. Uttendörfer (1963)

Othello

Ähnlich wie Richard III., mit dem er die diabolische Freude am bösen Tun gemeinsam hat, eröffnet Jago zu Anfang der Tragödie seine Bereitschaft zu Verstellung und Intrige. Auf diesem Weg wird er der Auslöser für Othellos Verhängnis.

JAGO: Da hilft nichts für; das ist der Fluch des Dienstes. / Beförd'rung geht Euch nach Empfehl' und Gunst, / Nicht nach eh'mal'gem Rang, wo jeder zweite / Den Platz des Vormanns erbt. Urteilt nun selbst, / Ob mich wohl irgend Recht und Dank verpflichtet, / Zu lieben diesen Mohren.
RODRIGO: So dient' ich ihm auch nicht.
JAGO: Oh, seid ganz ruhig! / Ich dien' ihm, um mir's einzubringen; ei, wir können / Nicht alle Herrn sein, nicht kann jeder Herr / Getreue Diener haben. Seht Ihr doch / So manchen pflicht'gen, kniegebeugten Schuft, / Der, ganz verliebt in seine Sklavenfessel, / Ausharrt, recht wie die Esel seines Herrn, / Ums Heu, und wird im Alter fortgejagt. – / Peitscht mir solch redlich Volk! Dann gibt es andre, / Die ausstaffiert mit Blick und Form der Demut, / Ein Herz bewahren, das nur sich bedenkt; / Die nur Scheindienste liefern ihren Obern, / Durch sie gedeihn und, wann ihr Pelz gefüttert, / Sich selbst Gebieter sind. Die Burschen haben Witz, / Und dieser Zunft zu folgen ist mein Stolz. / Denn, Freund, /'S ist so gewiß, als Ihr Rodrigo heißt, / Wär' ich der Mohr, nicht möcht' ich Jago sein. / Wenn ich ihm diene, dien' ich nur mir selbst; / Der Himmel weiß es! nicht aus Lieb' und Pflicht, / Nein, nur zum Schein,

Laurence Olivier in der Titelrolle *Othello* **(1965)**

für meinen eignen Zweck: / Denn wenn mein äußres Tun je offenbart / Des Herzens angeborne Art und Neigung / In Haltung und Gebärde, dann alsbald / Will ich mein Herz an meinem Ärmel tragen / Als Fraß für Kräh'n. Ich bin nicht, was ich bin! –
Othello (I,1)

Der tragische Held Othello ist – ganz gegen die Konventionen des Theaters zu Shakespeares Zeiten – ein schwarzhäutiger Ausländer und Außenseiter in der Gesellschaft Venedigs. Aber gerade durch seine besondere Lebensgeschichte hat er die Liebe Desdemonas gewinnen können. Als deren Vater ihn beschuldigt, er habe als Schwarzer, der ja eigentlich verabscheuungswürdig sei, durch Drogen widernatürlichen Einfluß auf das Mädchen ausgeübt, führt er dies vor dem Herzog aus:

OTHELLO: Ihr Vater liebte mich, lud oft mich ein, / Erforschte meines Lebens Lauf von Jahr / Zu Jahr: die Schlachten, Stürme, Schicksalswechsel, / So ich bestand. / Ich ging es durch, vom Knabenalter her, / Bis auf den Augenblick, wo er gefragt. / So sprach ich denn von manchem harten Fall, / Von schreckender Gefahr zu See und Land; / Wie ich ums Haar dem droh'nden Tod entrann, / Wie mich der stolze Feind gefangen nahm / Und mich als Sklav' verkauft; wie ich erlöst, / Und meiner Reisen wundervolle Fahrt. / Wobei von weiten Höhlen, wüsten Steppen, / Steinbrüchen, Felsen, himmelhohen Bergen / Zu melden war im Fortgang der Geschichte; / Von Kannibalen, die einander schlachten, / Anthropophagen, Völkern, deren Kopf / Wächst unter ihrer Schulter: das zu hören / War Desdemona eifrig stets geneigt. / Oft aber rief ein Hausgeschäft sie ab; / Und immer, wenn sie eilig dies vollbracht, / Gleich kam sie wieder, und mit durst'gem Ohr / Verschlang sie meine Rede. (…) sie dankte mir und bat mich / Wenn je ein Freund von mir sie lieben sollte, / Ich mög' ihn die Geschicht' erzählen lehren, / Das würde sie gewinnen. Auf den Wink / Erklärt' ich mich. / Sie liebte mich, weil ich Gefahr bestand; / Ich liebte sie um ihres Mitleids willen: / Das ist der ganze Zauber, den ich brauchte. / Hier kommt das Fräulein, laßt sie dies bezeugen.

Othello (I, 3)

Antonius und Cleopatra

Cleopatra, die ebenso faszinierende wie widersprüchliche Frau, über deren glänzende Erscheinung bei ihrem ersten Treffen mit Antonius am Cydnus-Fluß Enobarbus den anderen Römern berichtet, verkörpert die geheimnisvolle Welt des Orients, die Lebens- und Sinnenfreude sowie die übermächtige, irrationale Kraft der Liebe.

ENOBARBUS: Ich will's berichten. – / Die Bark', in der sie saß, ein Feuerthron, / Brannt' auf dem Strom: getriebnes Gold der Spiegel, / Die Purpursegel duftend, daß der Wind / Entzückt nachzog; die Ruder waren Silber, / Die nach der Flöten Ton Takt hielten, daß / Das Wasser, wie sie's trafen, schneller strömte, / Verliebt in ihren Schlag; doch sie nun selbst – / Zum Bettler wird Bezeichnung: sie lag da, / In ihrem Zelt, das ganz aus Gold gewirkt, / Noch farbenstrahlender als jene Venus, / Wo die Natur der Malerei erliegt. / Zu beiden Seiten ihr holdsel'ge Knaben, / Mit Wangengrübchen, wie Cupido lächelnd, / Mit bunten Fächern, deren Wehn durchglühte / (So schiens) die zarten Wangen, die sie kühlten; / Anzündend statt zu löschen.
AGRIPPA: Ihm, welch Schauspiel! –
ENOBARBUS: Die Dienerinnen, wie die Nereiden, / Spannten, Sirenen gleich, nach ihr die Blicke, / Und Schmuck ward jede Beugung; eine Meerfrau / Lenkte das Steuer; seidnes Tauwerk schwoll / Dem Druck so blumenreicher Händ' entgegen, / Die frisch den Dienst versahn. Der Bark' entströmend / Betäubt' ein würz'ger Wohlgeruch die Sinne / Der nahen Uferdämme; sie zu sehn / Ergießt die

**Peter Roggisch als Antonius und Barbara Petritsch als Cleopatra
in der Bochumer Inszenierung von Frank-Patrick Steckel (1987)**

Stadt ihr Volk; und Marc Anton, / Hochthronend auf dem Marktplatz, saß allein, / Und pfiff der Luft, die, wär' ein Leeres möglich, / Sich auch verlor, Cleopatra zu schaun, / Und einen Riß in der Natur zurückließ.
AGRIPPA: O wundervolles Weib! –
Antonius und Cleopatra (II, 2)

König Lear

Die grausame und widernatürliche Behandlung, welcher der greise König durch seine undankbaren Töchter ausgesetzt ist, findet ihre symbolische Entsprechung in dem Sturm auf der öden Heide. Doch paradoxerweise kommt Lear nun im Wahnsinn zur Einsicht, und der Narr ist sein Ratgeber.

LEAR: Blast, Wind', und sprengt die Backen! Wütet! Blast! – / Ihr Katarakt' und Wolkenbrüche, speit, / Bis ihr die Türm' ersäuft, die Hähn' ertränkt! / Ihr schweflichten, gedankenschnellen Blitze, / Vortrab dem Donnerkeil, der Eichen spaltet, / Versengt mein weißes Haupt! Du Donner schmetternd, / Schlag' flach das mächt'ge Rund der Welt; zerbrich / Die Formen der Natur, vernicht' auf eins / Den Schöpfungskeim des undankbaren Menschen!

NARR: Ach, Gevatter, Hofweihwasser in einem trocknen Hause ist besser, als dies Regenwasser draußen. Lieber Gevatter, hinein und bitt' um deiner Töchter Segen: das ist 'ne Nacht, die sich weder des Weisen noch des Toren erbarmt.

LEAR: Rassle nach Herzenslust! Spei', Feuer! Flute, Regen! / Nicht Regen, Wind, Blitz, Donner sind meine Töchter: / Euch schelt' ich grausam nicht, ihr Elemente: / Euch gab ich Kronen nicht, nannt' euch nicht Kinder, / Euch bindet kein Gehorsam; darum büßt / Die grause Lust: Hier steh' ich, euer Sklav', / Ein alter Mann, arm, elend, siech, verachtet: / Und dennoch knecht'sche Helfer nenn' ich euch, / Die ihr im Bund mit zwei verruchten Töchtern / Türmt eure hohen Schlachtreih'n auf ein Haupt / So alt und weiß als dies. Oh, oh, 's ist schändlich! –

König Lear (III, 2)

König Lear, die Leiche Cordelias beweinend; Gemälde von James Barry

Macbeth

In der magischen Anfangsszene des Stückes erfährt der Zuschauer von den drei Hexen die Grundsituation des Stückes, nämlich die verhängnisvolle Verkehrung der natürlichen Ordnung durch das Böse.

(Eine Heide · Donner und Blitz · Drei Hexen treten auf)
ERSTE HEXE: Wann kommen wir drei uns wieder entgegen, / Im Blitz und Donner, oder im Regen?
ZWEITE HEXE: Wenn der Wirrwarr stille schweigt, / Wer der Sieger ist, sich zeigt.
DRITTE HEXE: Das ist, eh' der Tag sich neigt.
ERSTE HEXE: Wo der Ort?
ZWEITE HEXE: Die Heide dort.
DRITTE HEXE: Da wird Macbeth sein. Fort, fort!
(Man hört einen Gesang in der Luft)
ERSTE HEXE: Grau Lieschen, ja! ich komme!
ALLE DREI: Unke ruft: – Geschwind – / Schön ist häßlich, häßlich schön: / Schwebt durch Dunst und Nebelhöh'n!
(Die Hexen verschwinden)
Macbeth (I,1)

Macbeth plant, König Duncan zu ermorden, um selbst den Herrscherthron zu besetzen. Der Königsmord geschieht hinter der Bühne. Als Macbeth nach der Tat zu seiner Frau, zu der er zunächst eine sehr enge Beziehung hat, zurückkommt, ist er völlig verstört. Sie zeigt kaltblütige Umsicht. Bald wird auch sie die zersetzende Kraft des Bösen erfahren und von sich selbst und von ihrem Mann entfremdet.

MACBETH: Ich hab' die Tat getan – hört'st du nicht was?
LADY MACBETH: Die Eule hört' ich schrein, und Heimchen zirpen. / Sprachst du nichts? (...)
MACBETH: Mir war, als rief es: „Schlaft nicht mehr! Macbeth / Mordet den Schlaf!" Ihn, den unschuld'gen Schlaf; / Schlaf, der des Grams verworr'n Gespinst entwirrt, / Den Tod von jedem Lebenstag, das Bad / Der wunden Müh', den Balsam kranker Seelen, / Den zweiten Gang im Gastmahl der Natur, / Das nährendste Gericht beim Fest des Lebens.
LADY MACBETH: Was meinst du?
MACBETH: Stets rief es: „Schlaft nicht mehr!" durchs ganze Haus; / „Glamis mordet den Schlaf!" und drum wird Cawdor / Nicht schlafen mehr, Macbeth nicht schlafen mehr.
LADY MACBETH: Wer war es, der so rief? Mein würd'ger Than, / Du läßt den edlen Mut erschlaffen, denkst du / So hirnkrank drüber nach. Nimm etwas Wasser, / Und wasch' von deiner Hand das garst'ge Zeugnis! – / Was brachtest du die Dolche mit herunter? / Dort liegen müssen sie; geh, bring' sie hin, / Und färb' mit Blut die Kämm'rer, wie sie schlafen.
MACBETH: Ich gehe nicht mehr hin, ich bin entsetzt, / Denk' ich, was ich getan: es wieder schaun – / Ich wag' es nicht!
LADY MACBETH: O schwache Willenskraft! / Gib mir die Dolche! Schlafende und Tote / Sind Bilder nur; der Kindheit Aug' allein / Scheut den gemalten Teufel. Wenn er blutet, / Färb' ich damit der Diener Kleider rot; / So tragen sie des Mords Livrei.
(Sie geht ab. Man hört klopfen)
Macbeth (II, 2)

Das Wintermärchen

*Die Darstellung des ländlichen Schaf-
schurfestes bildet die zweitlängste Szene
bei Shakespeare überhaupt und nimmt
fast ein Drittel der Spieldauer des Stückes
in Anspruch. Anklänge an die beliebte
Pastoraldichtung der Zeit sind unüber-
hörbar. Im Mittelpunkt des Festes steht
die schöne Schäferin Perdita, in Wirklichkeit die verlorengegangene Tochter des
Königs von Sizilien. In ihrer Begrüßung
des Polyxenes entsteht die Vorstellung
einer floralen Welt, und das beherrschende Thema, der Gegensatz von
Natur und Kultur, wird angesprochen.*

DER ALTE SCHÄFER: Pfui Tochter! da
noch meine Alt' am Leben, / An dem
Tag war sie Schaffner, Kellner, Koch, /
Hausfrau und Magd, empfing, be-
diente jeden, / Sang ihren Vers, tanzt'
ihren Reih'n; bald hier, / Zu oberst an
dem Tisch, bald in der Mitte; / Auf
den gelehnt und den; ihr Antlitz
Feuer, / Durch Arbeit und durch das,
womit sie's löschte, / Denn allen trank
sie zu; du bist so blöde, / Als wärst
du von den Gästen, nicht die Wirtin /
Des Hauses: / bitte, geh und heiß'
willkommen / Die unbekannten
Freunde; denn so werden / Sie uns zu
bessern und bekanntern Freunden. /
Komm, dämpfe dein Erröten, zeige
dich / Vorstand des Festes, wie du bist;
komm her, / Und heiß' bei deiner
Schafschur uns willkommen, / Daß
dir gedeih' die Herde!
PERDITA *(zu Polyxenes):* Herr, willkommen! / Mein Vater will, daß ich
der Hausfrau Amt / Heut übernehmen
soll: – Ihr seid willkommen! / Gib
mir die Blumen, Dorcas! – Würd'ge
Herrn, / Für euch ist Rosmarin und

Raute; Frische / Und Duft bewahren
sie den ganzen Winter: / Sei Gnad'
und Angedenken euer Teil! / Willkommen unsrer Schafschur!
POLYXENES: Schäferin, / Wie bist du
schön; dem Alter ziemend schenkst
du / Uns Winterblumen.
PERDITA: Wenn das Jahr nun altert – /
Noch vor des Sommers Tod und der
Geburt / Des frost'gen Winters –,
dann blühn uns am schönsten / Blut-
nelken und die streif'gen Liebes-
stöckel, / Bastarde der Natur will man
sie nennen: / Die trägt nicht unser
Bauergarten; Senker / Von ihnen hab'
ich nie gesucht.
POLYXENES: Weshalb / Verschmähst
du sie, mein holdes Kind?
PERDITA: Ich hörte, / Daß, nächst der
großen schaffenden Natur, / Auch
Kunst es ist, die diese bunt färbt.
POLYXENES: Sei's: / Doch wird Natur
durch keine Art gebessert, / Schafft
nicht Natur die Art: so, ob der Kunst, /
Die, wie du sagst, Natur bestreitet, gibt
es / Noch eine Kunst, von der Natur
erschaffen. / Du siehst, mein holdes
Kind, wie wir vermählen / Den edlern
Sproß dem allerwildsten Stamm; /
Befruchten so die Rinde schlechtrer
Art / Durch Knospen edler Frucht.
Dies ist 'ne Kunst, / Die die Natur ver-
bessert, – mind'stens ändert: / Doch
diese Kunst ist selbst Natur.
PERDITA: So ist es.
POLYXENES: Drum schmück' mit Lie-
besstöckeln deinen Garten, / Schilt sie
Bastarde nicht!

Das Wintermärchen (IV, 4)

**Bochumer Inszenierung des *Wintermärchens*
mit Ilse Ritter als Hermione Branko Samarowski als Polyxenes und Traugott Buhre als
Leontes (1982)**

Der Sturm

Das wohl als letztes von Shakespeare allein verfaßte Stück (das deswegen in der Folio-Ausgabe als Blickfang am Anfang steht) ist weitgehend ein analytisches Drama: In der straff angelegten Gegenwartshandlung werden Ereignisse der Vergangenheit wiederaufgenommen. Auf einer Zauberinsel haust Prospero, der rechtmäßige Herzog von Mailand, der von seinem Bruder Antonio aus seinem Reich verdrängt worden ist, mit seiner Tochter Miranda. Der Luftgeist Ariel und Caliban, ein dumpfes Wesen, halb Mensch, halb Tier, stehen in seinen Diensten. Mit ihrer Hilfe übt er Vergeltung an seinen Widersachern von einst. Doch am Ende stehen Verzeihung und Versöhnung.

ARIEL: Ihr seid drei Sündenmänner, die das Schicksal / (Das diese niedre Welt, und was darinnen, / Als Werkzeug braucht) der nimmersatten See / Geboten auszuspein; und an dies Eiland, / Von Menschen unbewohnt, weil unter Menschen / Zu leben ihr nicht taugt. Ich macht' euch toll, / *(Alonso, Sebastian und die übrigen ziehn ihre Degen)* Und grad in solchem Mut ersäufen, hängen / Sich Menschen selbst. Ihr Toren! ich und meine Brüder / Sind Diener des Geschicks; die Elemente, / Die eure Degen härten, könnten wohl / So gut den lauten Wind verwunden, oder / Die stets sich schließenden Gewässer töten / Mit eitlen Streichen, als am Fittig mir / Ein Fläumchen kränken. Meine Mitgesandten sind / Gleich unverwundbar: könntet ihr auch schaden, / Zu schwer sind jetzt für eure Kraft die Degen /

Und lassen sich nicht heben. Doch bedenkt / (Denn das ist meine Botschaft), daß ihr drei / Den guten Prospero verstießt von Mailand, / Der See ihn preisgab, – die es nun vergolten, – / Ihn und sein harmlos Kind; für welche Untat / Die Mächte, zögernd, nicht vergessend, jetzt / Die See, den Strand, ja alle Kreaturen / Empöret gegen euern Frieden. Dich, / Alonso, haben sie des Sohns beraubt, / Verkünden dir durch mich: ein schleichend Unheil, / Viel schlimmer als ein Tod, der einmal trifft, / Soll Schritt vor Schritt auf jedem Weg dir folgen. / Um euch zu schirmen vor derselben Grimm, / Der sonst in diesem gänzlich öden Eiland / Aufs Haupt euch fällt, hilft nichts als Herzensleid / Und reines Leben künftig.
(Er verschwindet unter Donnern; dann kommen die Gestalten bei einer sanften Musik wieder, tanzen mit allerlei Fratzengesichtern und tragen die Tafel weg)
PROSPERO *(beiseit):* Gar trefflich hast du der Harpye Bildung / Vollführt, mein Ariel; ein Anstand war's, verschlingend! / Von meiner Vorschrift hast du nichts versäumt, / Was du zu sagen hattest; und so haben / Mit guter Art und seltsamen Gebräuchen / Auch meine untern Diener jeglicher / Sein Amt gespielt. Mein hoher Zauber wirkt, / Und diese meine Feinde sind gebunden / In ihrem Wahnsinn: sie sind in meiner Hand. / Ich lass' in diesem Anfall sie und gehe / Zum jungen Ferdinand, den tot sie glauben, / Und sein- und meinem Liebling.
(Er verschwindet)

Der Sturm (III, 3)

Ein Meilenstein der Theatergeschichte

Shakespeare schrieb seine Stücke nicht für das Lesepublikum, sondern für das Theater. Seit längerer Zeit ist er der führende Autor in den Spielplänen der internationalen Bühnen und prägte ganz maßgeblich die Theatergeschichte. Besonders in England ist die Geschichte der Schauspielkunst untrennbar mit der Darstellung Shakespeares auf der Bühne verbunden.

Shakespeares Stücke waren durch die Jahrhunderte dem sich wandelnden Theatergeschmack unterworfen; sie wurden oft durch grobe Veränderungen entstellt, und erst im 20. Jahrhundert bemühte man sich verstärkt um eine historisch genaue Wiedergabe.

Als nach der Schließung durch die Puritaner 1642 bei der Restauration im Jahre 1660 die Theater wieder geöffnet wurden, hatten sich grundlegende Veränderungen vollzogen. Der Geschmack des tonangebenden aristokratischen Publikums war nun wesentlich von klassizistisch-französischen Vorstellungen bestimmt, denen Shakespeare nicht mehr entsprach. Auf der Bühne der Restaurationszeit, wo zum ersten Male regulär Schauspielerinnen auftraten, wurden Shakespeares Stücke zum Teil in drastisch veränderter Form gespielt. Nahum Tate schrieb mit großem Erfolg eine

Das Swan Theatre in Stratford

Version von *König Lear* mit Happy-End, und John Dryden ersetzte Shakespeares *Antonius und Cleopatra* durch seine eigene Bearbeitung *All for Love / Alles für die Liebe*, die zeitgenössischen Erwartungen besser gerecht wurde. Freilich gab es auch in dieser Zeit schon entgegengesetzte Kräfte. Dazu gehörte etwa der führende Schauspieler Thomas Betterton, der gerade wegen seiner Einfachheit und der Verehrung für Shakespeare bekannt wurde.

Im 18. Jahrhundert bildete sich immer mehr die Guckkastenbühne mit ihrer betonten Trennung von Schauspielern und Publikum statt der elisabethanischen Plattformbühne heraus. Die Situation in der Theatermetropole London wurde durch das fast hundert Jahre geltende Monopol der beiden Lizenztheater Covent Garden und Drury Lane geprägt. Auf deren Spielplan hatte Shakespeare zunehmende Bedeutung. Dazu trug u. a. der herausragende David Garrick bei, der in Drury Lane 24 Shakespeare-Stücke inszenierte und selbst in 17 Shakespeare-Rollen auftrat, sowie auch dessen Rivale Charles Macklin, der durch seine Verkörperung des Shylock berühmt wurde. John Philip Kemble, zusammen mit seiner Schwester Sarah Siddons als Macbeth und Lady Macbeth sowie in den Rollen anderer tragischer Shakespeare-Paare erfolgreich, machte sich zugleich durch die Einführung historischer Kostüme einen Namen.

Mit dem virtuosen Edmund Kean, der Anfang des 19. Jahrhunderts die Romantiker Hazlitt, Byron und Keats begeisterte, kam das Star-Theater zum Durchbruch. Dieses wurde nicht zuletzt durch die immer größeren und kostspieligeren Theaterbauten gefördert oder gar notwendig gemacht. Andere Stars dieser Ära waren William Charles Macready und Samuel Phelps, bei dessen dramaturgischer Arbeit allerdings auch schon eine Rückbesinnung auf Wesentliches erkennbar war. In der viktorianischen Zeit wurde größter Wert gelegt auf spektakuläre Inszenierungen mit riesigen Statistenheeren und üppiger Bühnenausstattung. Lebende Kaninchen auf der Bühne begeisterten das Publikum mehr als Shakespeares Verse. Dafür stehen Namen wie Charles Kean, Henry Irving und – schon im 20. Jahrhundert – Beerbohm Tree. Die gleichzeitig fortschreitende Restitution der originalen Shakespeare-Texte kam demgegenüber nicht richtig zur Geltung.

Erst nach dem Ersten Weltkrieg setzte sich eine Reformbewegung stärker durch. Sie wandte sich gegen das Ausstattungstheater, versuchte dem Text neues Gewicht zu geben und sich an der Plattformbühne der Shakespeare-Zeit zu orientieren. Insbesondere wurde diese Bewegung von William Poel und Harley Granville-Barker getragen. In diesem Zusammenhang ist auch das Old Vic Theatre von Bedeutung, das sich nach 1914 ganz auf Shakespeare konzentrierte und an dem wichtige Schauspieler wie John Gielgud, Ralph Richardson, Lawrence Olivier und Peggy Ashcroft zeitweise wirkten.

Nach dem Zweiten Weltkrieg leisteten bei der Auseinandersetzung mit Shakespeares Werk das 1963 entstandene National Theatre sowie die sowohl in London als auch in Stratford spielende Royal Shakespeare Company wegweisende Arbeit. Auch wenn das englische Theater sich aus seiner Tradition her mehr als Schauspielertheater denn als Regisseurtheater versteht, haben gerade die Regisseure Peter Brook und Peter Hall mit ihren Shakespeare-Inszenierungen, die zeitgenössische Strömungen aufnehmen und verarbeiten, internationale Anerkennung gefunden.

Auf den Spielplänen der deutschen Theater hat Shakespeare ebenfalls eine unangefochtene Spitzenposition inne. Bereits seit dem späten 19. Jahrhundert konnte er Schiller, der in dieser Beziehung zunächst mit ihm konkurrierte, deutlich hinter sich lassen. Neben der fundamentalen Bedeutung für die literarische Entwicklung (siehe Kap. „Shakespeare-Kritik in Deutschland", S. 168 ff.) gingen von Shakespeare auch entscheidende Impulse bei der Entstehung des deutschen Nationaltheaters aus.

Dabei waren die Voraussetzungen zu Anfang denkbar schlecht. Shakespeare wurde dem deutschsprachigen Publikum im 17. und frühen 18. Jahrhundert zuerst durch reisende englische Komödiantentruppen bekannt gemacht – in einer Sprache, die fast niemand verstehen konnte, sowie in äußerst vergröberten, auf Klamauk und vordergründige Effekte ausgerichteten Fassungen. Dann kamen, ermöglicht durch die großartigen Leistungen der deutschen Übersetzer, immer mehr Inszenierungen mit originalgetreuen Texten auf die Bühne. Zusätzlich wurde das Repertoire der gespielten Stücke allmählich erweitert. Im Laufe des 19. Jahrhunderts machten sich auch im Theater nationalistische

Momente stark bemerkbar, und das deutsche Bildungsbürgertum war entscheidend an der Rezeption Shakespeares beteiligt. Im Unterschied zu England vollzog sich die Shakespeare-Pflege im deutschsprachigen Theater an einer Reihe von Zentren: Hamburg, Berlin, Wien und Mannheim, Weimar, München, Karlsruhe und andere Städte spielten zu unterschiedlichen Zeiten unterschiedliche, aber nicht unbedeutende Rollen. Erst im frühen 20. Jahrhundert zeichnete sich unter Max Reinhardt, der besonders bei der Wiederentdeckung der Komödien einen wichtigen Beitrag leistete, zeitweise eine Führungsstellung für Berlin ab. Anders war dies jedoch nach dem Zweiten Weltkrieg, als führende Regisseure wie Sellner, Zadek oder Kortner an ganz unterschiedlichen Theatern im deutschsprachigen Westen hervortraten. Auch im Theater der ehemaligen DDR hatte Shakespeare, in dessen Stücken sich gesellschaftliche Fragen und dialektische Widersprüche demonstrieren ließen, einen tragenden Anteil.

Raimund Borgmeier:
Shakespeare auf der Bühne

Die Oper entdeckt Shakespeare

Es ist naheliegend, Shakespeares höchst bühnenwirksame Stücke als Vorlagen für Opern zu wählen. Besonders häufig wurden seine Dramen vertont.

Daß auch die Vertonung der Shakespearschen Dramen dem Zeitgeschmack unterworfen ist, zeigt das breite Spektrum von der Nummernoper bis zum avantgardistischen Opernspektakel, das Hans Walter Gabler in seinem Aufsatz skizziert:

Keine deutsche Shakespeareoper aus dem 18. und 19. Jahrhundert hat hohe Geltung erlangt, mit Ausnahme von Otto Nicolais *Lustigen Weibern von Windsor* (Berlin, 1849); Nicolai jedoch wirkte hauptsächlich in Italien. Richard Wagners *Das Liebesverbot* (1836, nach *Measure for Measure*) ist ein Jugendwerk mit allen Stilmerkmalen italienischer und französischer Opernkunst, von denen sich Wagner später so entschieden entfernte. Doch gerade im Bereich der italienischen – und mit Berlioz' *Béatrice et Bénédict* (1862) auch der französischen – Oper gelangt die Shakespeareoper im 19. Jahrhundert zur vollen Blüte. Die Voraussetzungen dafür liegen einmal in der Vervollkommnung der traditionellen „Nummernoper" und der Umbildung der „Nummern", also der einzelnen Rezitative, Arien, Duette, Ensembles oder Chorsätze, zu funktionalen Teilen einer Gesamtkomposition, zum anderen aber auch in einem vertieften Verständnis der Librettisten und Komponisten für Shakespeares Dramen. Die neuen Möglichkeiten der Shakespeareoper zeichnen sich zuerst im letzten Akt von Rossinis *Otello* (1816) ab (…). Eine noch intensivere künstlerische Begegnung zwischen Komponist und Dramatiker vollzieht sich einige Jahrzehnte später zwischen Giuseppe Verdi (1813–1901) und Shakespeare. Verdi komponierte 1847 die erste Fassung seines *Macbetto*

Plakat zur *Othello* Oper von G. Verdi

und revidierte sie 1865. Als Oper ist sie auch durch die Revision kein restlos zufriedenstellendes Werk geworden, und als Shakespearedeutung weist sie erst hin auf die Vollendung, die Verdi in den Spätwerken *Otello* (1887) und *Falstaff* (1893) erreichte. Den Grund für den hohen künstlerischen Rang dieser Opern legen die Libretti von Arrigo Boito. (...) In *Otello* verzichtete er auf Shakespeares I. Akt und übernahm aus ihm nur einige wenige wesentliche Elemente zur Charakterisierung von Othello und Desdemona und ihrer Liebe in das der Opernfassung allein eigene Duett am Ende von Akt I; die gesamte Oper ließ er mit einem Sturm über Cypern beginnen, der zum Symbol der Leidenschaften wird, die die Handlung beherrschen. Die Umdispositionen in *Falstaff* sind ähnlich bedeutsam, und die Kürzungen erlauben es sogar, die Person Falstaffs in *Merry Wives of Windsor* durch die Hereinnahme charakteristischer Züge aus I und II *Henry IV* zu runden.

Ein ausgewogenes und harmonisches Ineinanderwirken der Kräfte des Dramas und der Oper, wie es sich in Verdis Kompositionen manifestiert, ist in Shakespeareopern seither kaum wieder erreicht worden. Die Tendenz geht dahin, daß die Dramen als literarische Texte gegenüber der Musik größere Geltung beanspruchen. Viele Komponisten seit Verdi haben dazu geneigt, dem dramatischen Vorwurf, den sie bei Shakespeare fanden, zu viel Raum zu gewähren und ihn die Musik und eine opernmäßige Personen- und Handlungsentwicklung beeinträchtigen zu lassen, so beispielsweise Ralph Vaughan Williams in *Sir John in Love* (1929) oder Frank Martin in seiner

Oper *Der Sturm* (1956). Traditionell ausgerichtete ebenso wie moderne und avantgardistische Opern nach Shakespeares Dramen sind auch in unserem Jahrhundert in großer Zahl entstanden; erwähnt seien aus der Fülle lediglich Ernst Blochs *Macbeth* (Paris, 1910), G. F. Malipieros *Antonio e Cleopatra* (Florenz, 1938) und *Romeo e Giulietta* (Salzburg, 1950), Carl Orffs *Ein Sommernachtstraum* (1952), Boris Blachers *Romeo und Julia* (Salzburg, 1950), Giselher Klebes *Die Ermordung Cäsars* (Essen, 1959) und V. Y. Šebalins *The Taming of the Shrew* (1957, auf russisch). Die einzige Shakespeareoper unserer Tage aber, die wohl auch künftig neben Verdis Meisterwerken wird bestehen können, ist Benjamin Brittens *A Midsummer Night's Dream* (1960). Dem Libretto liegt der englische Text Shakespeares zugrunde mit allen Assoziationen, die ihm aus der Sprache und der dramen- und bühnengeschichtlichen Überlieferungstradition der Komödie anhaften. Es rechnet mit der Kenntnis eines Publikums von Shakespeares *Midsummer Night's Dream* in der Originalgestalt und schafft durch Umdispositionen und Kürzungen im dramatischen Vorwurf Raum für eine motivisch dicht organisierte sinfonische Opernmusik, die alte wie neue kompositorische Möglichkeiten der Tonalität, des Satzes und der Instrumentierung nutzt.

Hans Walter Gabler:
Shakespeare-Opern;
zit. n.: Ina Schabert (Hrsg.):
Shakespeare-Handbuch

Shakespeare auf der Leinwand

Shakespeares Stücke bieten eine so publikumswirksame und an Dramatik kaum zu überbietende abwechslungsreiche Mischung aus Spannung, Liebe, Eifersucht, Mord und vielen komischen Passagen, daß sie selbst Kinozuschauer in ihren Bann ziehen, die sich sonst nicht für Klassiker begeistern lassen.

Orson Welles (rechts) in *Falstaff* **(1966)**

Shakespeare selbst verfügte über ein beinahe „filmisch" zu nennendes Auge und baute einige seiner Stücke stark auf sichtbare Effekte bzw. deren sprachliche Wiedergabe auf. So wird etwa in Othello fortwährend auf den Unterschied zwischen Desdemonas und Othellos Hautfarbe hingewiesen, wobei sich an einigen Stellen eine ausgeprägte Vorliebe Shakespeares für optische Kontraste zeigt.
Es ist also nicht verwunderlich, daß die Stücke immer wieder in opulente Filme verwandelt wurden. Günther Erken faßt die Geschichte der Shakespeare-Verfilmungen zusammen:

Die Geschichte sorgte für ein maliziöses Omen: der erste Shakespeare-Film verfilmte nicht Shakespeare, sondern die Magna-Charta-Szene, die Tree in *King John* interpoliert hatte. Kaum weniger paradox war der zweite Streifen, der 1900 die Pariser Weltausstellung um eine Sensation bereicherte: Sarah Bernhardt unterstrich in einem Drei-Minuten-Duell ihre „männliche" Hamlet-Auffassung. Die dritte Kuriosität steuerte Shakespeare „persönlich" bei: Georges Méliès, der ideenreiche Experimentator, zeigte 1907, wie der Dichter die Ermordung Caesars imaginiert und im poetischen Furor einen Brotlaib ersticht. Mit diesen Beispielen sind Art und Intentionen der frühen Shakespeare-Verfilmung umrissen: man konservierte Theateraugenblicke, zelebrierte Ausstattungs- und Rollenerlebnisse und stillte den Stoffhunger des neuen Mediums mit Klassikerfragmenten, die Vorwände zu pantomimischen Aktionen und Tricks gaben. Für die vier Jahre von 1908 bis 1911 sind etwa 50 solcher meist einspuliger Kurzfilme registriert, zu denen

Shakespeare die stoffliche Grundlage lieferte, wobei sich die Bevorzugung von *Romeo* und *Hamlet* bereits abzeichnete. Aber auch entlegenere Stücke wie *The Winter's Tale, The Tempest, Antony and Cleopatra, Henry VIII* und *Cymbeline*, die nach 1914 keine Verfilmung mehr erlebten, wurden von dieser Verwertungswelle (meist mehrmals) erfaßt.

Als der länger gewordene Stummfilm dann seine eigenkünstlerischen erzählerischen Möglichkeiten zu entdecken begann, wandte er sich von der Dramenverfilmung ab. War bis zum Ersten Weltkrieg das Shakespeare-Kinogeschäft konkurrierend von den USA, Italien, England und Frankreich betrieben worden, so trat danach, vom Modegenre der Shakespeare-Travestien und -Burlesken abgesehen, nur noch Deutschland mit einigen ambitionierten Versionen hervor. Filmisch am interessantesten geriet die freieste, die *Hamlet*-Adaption von 1920, in der Asta Nielsen die Titelfigur verkörperte, nicht als Hosenrolle, sondern – Schlußentdeckung Horatios – als Frau. Ein pathetischer *Othello*-Film mit Emil Jannings und Werner Krauss folgte 1922, ein Shylock-Film mit Krauss 1923, Der *Sommernachtstraum* von 1925 mit Krauss als Zettel schien – vor allem durch Klabunds Zwischentitel – selbstironisch einzugestehen, welch ein vermessenes Unterfangen es sei, Shakespeare im Stummfilm wiedergeben zu wollen.

Aber auch im Tonfilm kam er zunächst wenig zur Geltung. Zwar verfilmte schon 1929 Sam Taylor *The Taming of the Shrew* mit Mary Pickford und Douglas Fairbanks Sr., doch machte er noch geringen Gebrauch vom Text der Vorlage. Zwiespältig in ihrer filmischen Fortsetzung und Kompensation von Theater blieben auch jene drei Filme von 1935/36, in die man zuversichtlich viel Mühe und Geld investiert hatte. Max Reinhardts *Midsummer Night's Dream,* auf seinen Freilichtinszenierungen aufbauend und frappierend in der Führung mancher Darsteller (James Cagney als Bottom, der elfjährige Micky Rooney als Puck), aber allzu musikgesättigt und mit Elfenchoreographien – trotz ihres faszinierenden Rhythmus – überhäuft, wo er dem Filmzauber das Seine geben wollte (Mitregie: William Dieterle); Paul Czinners *As You Like It,* das Bühnen-Image von Elisabeth Bergners Rosalind und Oliviers Shakespearerollen nutzend, aber ohne filmische Konzeption; George Cukors *Romeo and Juliet,* auf „Authentizität" des Dialogs und Milieus bedacht und vielleicht eben deshalb alles Leben des Stücks in Rezitation und starren Ausstattungsbildern erstickend, auch in der bejahrten Besetzung Theatersphäre (John Barrymore als Mercutio) und Kinosphäre unglücklich mischend.

Erst mit Oliviers *Henry V* trat der Film in ein Stadium der entschiedenen und anhaltenden Auseinandersetzung mit Shakespeare. Mochten die Werkwahl und die einseitige Deutung des Helden als eines glorreichen, unproblematischen Heerführers von der nationalen Propaganda des letzten Kriegsjahres mitbestimmt sein, in der Art der Umsetzung (erstmals auch in Farbe) blieb der Film ein Vorbild, das Olivier selbst nicht wieder erreicht hat. Sein *Hamlet* versuchte eine Kammerspielinszenierung von großer

Ein Sommernachtstraum in der Inszenierung von Hans Neumann (1925)

Theaterintelligenz dadurch filmgemäß zu machen, daß er die Kamera in einer labyrinthischen, archaischen Burg gleichsam auf Reisen schickte, um ihre Einzelszenen aufzusuchen. Der Verbannung allen Geschehens in diesen umheimlichen, weltentrückten, mythisierten Raum, dem jede konkrete Außenbeziehung fehlte (nebst Rosencrantz und Guildenstern war auch Fortinbras gestrichen), entsprach eine rein psychologische, „existentialistische" Deutung; der Film identifizierte sich mit Hamlets Sicht, erforschte und erschloß das Dunkel mit seinen Augen. Die völlige Ausrichtung der filmischen Perspektive auf die Zentralfigur, begreifbar aus der Personalunion von Hauptdarsteller und Regisseur, aber nicht mit schauspielerischem Egoismus gleichzusetzen, kennzeichnete auch *Richard III*

und führte in diesem Film – entgegen dem legitimistischen Motto, das ihm vorangestellt wurde – zu einer Idolisierung des kronräuberischen Verstellungsvirtuosen und autonomen Willensmenschen Richard, dessen Tötung auf dem Schlachtfeld schmählicher wirkte als die zuvor durch ihn veranlaßte Serie von Morden. Mitschuld an dieser unbeabsichtigten Sympathienverkehrung war die starke Reduzierung der Frauenrollen und Streichung Margarets – nicht der einzige Zug, mit dem Colley Cibbers Adaption von 1700 hier noch einmal zu späten Ehren kam.

Im Wettstreit mit Oliviers Shakespeare-Verfilmungen lagen inzwischen die von Orson Welles und ein hoch besetzter *Julius Caesar* von Joseph L. Mankiewicz (1953), der in seiner Forumszene (Marlon Brando als

Antonius) diszipliniert und sicher alle Vorteile der dramatischen Spannungserregung und Steigerung nutzte, die der Film gegenüber dem Theater in der Gestaltung von Massenszenen haben kann (akustische Kulisse, selektive Kameraführung, Distanzwechsel usw.). 1954 trat in einer Koproduktion erstmals wieder Italien hervor mit Renato Castellanis *Giulietta e Romeo*, 1955 durchbrach auch ein russischer *Othello* (Jutkewitsch) das englischamerikanische Shakespeare-Monopol. Beide erbrachten allerdings kaum neue Gesichtspunkte für die Shakespeare-Verfilmung, zeigten eher, daß das Problem vom Dekorativen und von der schönen Farbgestaltung her nicht zu lösen ist; die Tragödie von Verona geriet zum lyristischen Kulturfilm, *Othello* zur pathetischen Filmoper mit einigen bewegenden Momenten. Frankreich und Deutschland schalteten sich nur noch mit modernisierenden Versionen shakespearescher Themen ein, einem Genre, das in den dreißiger Jahren aufkam und dessen Spätprodukt *Der Rest ist Schweigen* von Helmut Käutner (1959) auf konzeptionelle Vorlieben der ersten Nachkriegszeit zurückverwies. Eine Übertragung der *Macbeth*-Handlung in die japanischen Bürgerkriege des 16. Jahrhunderts mit einer sozialrevolutionären Abwandlung ihres Schlusses bot 1957 der Film *Kumonosu-Jo (Throne of Blood, Das Schloß im Spinnwebwald)* des bekannten japanischen Regisseurs Akira Kurosawa. Auch Ballette und Opern nach Shakespeare wurden seit 1954 mehrfach verfilmt.

Einen neuen Anstoß brachte im Jubiläumsjahr Kosinzews *Hamlet,* die erste Umsetzung eines Shakespeare-

Dramas in einen Spielfilm, die das Theater vergessen lassen konnte, obwohl der Regisseur und der Hauptdarsteller Innokenti Smoktunowski von der Bühne herkamen. Neu war auch die Deutung Hamlets als eines entschlossenen aber isolierten Kämpfers für Freiheit und Humanität inmitten einer korrupten Hofgesellschaft. In Kosinzews Film nach *King Lear* (1970), wie *Hamlet* auf eine Übersetzung von Boris Pasternak gestützt und von Dimitri Schostakowitsch musikalisch betreut, wurde das Thema noch entschiedener sozial interpretiert: Lears Leidensweg durch das von ihm selbst zugrunderegierte Reich ist zugleich ein Weg der Erkenntnis von feudaler Anmaßung zu demütiger Solidarität mit dem unterdrückten Volk. Verwandelten diese bewußt auf Farbe verzichtenden Breitwandfilme Shakespeares Drama zum filmischen Epos, so versuchte Franco Zeffirelli in *The Taming of the Shrew* (1966, mit Elizabeth Taylor und Richard Burton) und *Giulietta e Romeo* (1968), beides italienisch-englische Koproduktionen, das Theatralische der Vorlagen filmisch zu vitalisieren. Im ersten Fall kam er über eine diffuse Turbulenz nicht hinaus, im zweiten vermochte er die schon in seiner italienischen Bühnen-Inszenierung „filmisch" angelegten, fesselnden Schwärm- und Fechtszenen – zentriert in einer neuen Sinngebung der Mercutio-Gestalt – mediengerecht zu reproduzieren.

Auch englische Theaterkünstler haben sich seit 1966 auffällig oft der Shakespeare-Verfilmung gewidmet. Richardson und Brook sind schon genannt worden; Frank Dunlop zeichnete 1966 seine Edinburgher Pop-

John Gielgud in *Prosperos Bücher* **von Peter Greenaway**

Inszenierung von *The Winter's Tale* auf, Peter Hall 1968 seine in verregnete Natur versetzte Stratforder Inszenierung des *Midsummer Night's Dream*; John Gielgud spielte 1970 die Titelrolle in einem *Caesar*-Film von Stuart Burge; Kenneth Tynan verfaßte 1971 mit Roman Polanski das Drehbuch zu dessen *Macbeth*-Film. Die Vielzahl und Vielfalt all dieser neueren Versuche läßt kaum am Ernst der filmkünstlerischen Bemühungen um Shakespeare zweifeln. Noch kaum beschwichtigt ist indes der alte Einwand, daß der Film – wolle er wirklich Film sein – nicht viel mehr von Shakespeare übernehmen könne als was dieser von Plutarch, Bandello oder Holinshed übernahm.

Günther Erken: *Shakespeare im Film;* zit. n. Ina Schabert (Hrsg.): Shakespeare-Handbuch

Shakespeare-Verfilmungen

Antonius und Cleopatra
Amerikanische Verfilmung von Joseph Mankiewicz, mit Elizabeth Taylor und Richard Burton in den Hauptrollen, 1972

Hamlet
Englische Verfilmung von E. Hay Plumb, 1913
Englische Verfilmung von Laurence Olivier, 1948
Deutsche Verfilmung von Helmut Käutner *(Der Rest ist Schweigen)*, 1959
Deutsche Verfilmung von Franz Peter Wirth, 1960
Russische Verfilmung von Grigori M. Kosinzew, 1964
Englische Verfilmung von Tony Richardson, 1969
Italienische Verfilmung von Franco Zeffirelli, 1991

Heinrich IV. (Teil 1 und 2)
Falstaff, spanisch-schweizerische Verfilmung von Orson Welles, 1965

Heinrich V.
Englische Verfilmung von Laurence Olivier, 1944
Englische Verfilmung von Kenneth Branagh, mit Kenneth Branagh in der Hauptrolle, 1990

Julius Caesar
Amerikanische Verfilmung von David Bradley, mit Charlton Heston in der Rolle des Marcus Antonius, 1950
Amerikanische Verfilmung von Joseph L. Mankiewicz, mit Marlon Brando in der Rolle des Marcus Antonius, 1953
Englische Verfilmung von Stuart Burge, mit Charlton Heston in der

Rolle des Marcus Antonius und John
Gielgud als Caesar, 1970

Der Kaufmann von Venedig
Deutsche Verfilmung von Peter Paul
Felner mit Werner Krauss, 1923

König Lear
Russische Verfilmung von Grigori M.
Kosinzew, 1970
Englisch-dänische Verfilmung von
Peter Brook, 1971

Die lustigen Weiber von Windsor
Georg Wildhagen, 1950

Macbeth
Amerikanische Verfilmung von Orson
Welles, 1948
Japanische Verfilmung von Akira
Kurosawa *(Das Schloß im Spinnweb-
wald)*, 1957
Englische Verfilmung von George
Schaefer, 1960
Englische Verfilmung von Roman
Polanski, 1971

Othello
Deutsche Verfilmung mit Emil
Jannings als Othello und Werner
Krauss in der Rolle des Jago, 1922
Amerikanische Verfilmung von Orson
Welles, mit Orson Welles in der
Hauptrolle, 1952
Russische Verfilmung von Sergei Jutke-
vitsch *(Der Mohr von Venedig)*, 1955
Englische Verfilmung von Stuart
Burge, mit Laurence Olivier, 1965

Richard III.
Deutsche Verfilmung *(König Richard
III.)*, 1922
Englische Verfilmung von Laurence
Olivier, 1955

Romeo und Julia
Amerikanische Verfilmung von
George Cukor, mit Norma Shearer in
der Rolle der Julia und Leslie Howard
in der Rolle des Romeo, 1936
Italienisch-englische Verfilmung von
Renato Castellani, 1954
Italienisch-englische Verfilmung von
Franco Zeffirelli, 1968

Ein Sommernachtstraum
Deutsche Verfilmung mit Werner
Krauss als Zettel, 1925
Amerikanische Verfilmung von Max
Reinhardt und William Dieterle,
mit James Cagney als Bottom, 1935
Englische Verfilmung von Peter Hall,
1968

Der Sturm
Englische Verfilmung von Derek
Jarman, 1980
Englische Verfilmung von Paul
Mazursky, 1982
Englische Verfilmung von Peter
Greenaway *(Prosperos Bücher)*, 1991

Twelfth Night (Was Ihr Wollt)
Russische Verfilmung von Yan Fried,
1955

Der Widerspenstigen Zähmung
Italienische Verfilmung von Franco
Zeffirelli, mit Richard Burton und
Elizabeth Taylor, 1966

Wie es Euch gefällt
Englische Verfilmung von Paul
Czinner, mit Laurence Olivier in der
Rolle des Orlando, 1936

Das Wintermärchen
Englische Verfilmung von Frank
Dunlop, 1966

Die nicht-drama-tischen Dichtungen

Für Shakespeares Zeitgenossen war die Lyrik noch die höchste aller Literaturgattungen. In raffinierten Sprachgebilden wurde in der elisabethanischen Lyrik bewiesen, daß Englisch zur Literatursprache taugte und daß sich in ihr Gedichte schreiben ließen, die den lateinischen und italienischen Vorbildern – vor allem Petrarca – ebenbürtig waren.

Shakespeares Schule in Statford-upon-Avon

Shakespeare war vor allen Dingen Dichter. Sein Erfolg als Dramatiker ist untrennbar verbunden mit seiner einzigartigen dichterischen Sprachbeherrschung. Auch die Stücke sind nicht zuletzt Dichtung im engeren Sinne des Wortes: Sie sind überwiegend in Blankvers geschrieben, und immer wieder finden sich zudem einzelne gereimte Stellen.

Shakespeare hat auch außerhalb des Theaters als Dichter gewirkt. Seine nicht-dramatischen Dichtungen, insbesondere die Verserzählungen *Venus und Adonis* und *Lucretia* (oder *Die Schändung der Lucretia/The Rape of Lucrece),* waren im späten 16. und frühen 17. Jahrhundert äußerst geschätzt und wurden sogar häufiger erwähnt als die Dramen. Francis Meres vergleicht Shakespeare 1598 in seiner Sinnspruchsammlung *Palladis Tamia* mit dem berühmten klassischen Dichter Ovid: „Die süße, geistreiche Seele von Ovid lebt in dem liebreichen und honigzüngigen Shakespeare, man denke an sein *Venus und Adonis,* seine *Lucretia,* seine zuckersüßen Sonette, die bei seinen persönlichen Freunden kursieren, etc."

Später wendete sich das Blatt. Steevens, einer der wichtigsten Shakespeare-Herausgeber im 18. Jahrhundert, verbannte die Dichtungen aus seiner Ausgabe, weil er meinte: „Nicht einmal das schärfste Parlamentsgesetz, das man erlassen kann, ist imstande, Leser zu zwingen, sich damit zu befassen."

Im folgenden konzentrierte sich das wieder erwachende Interesse an den nicht-dramatischen Dichtungen in erster Linie auf die Sonette. Die *Sonette,* die 1609 zuerst im Druck erschienen, sind die umfangreichste und

SHAKE-SPEARES

S O N N E T S.

Neuer before Imprinted.

_____

_____

AT LONDON
By *G. Eld* for *T. T.* and are
to be folde by *Iohn Wright,* dwelling
at Chrift Church gate.
1 6 0 9.

Titelseite der Ausgabe von Shakespeares
Sonetten aus dem Jahr 1609

SHAKESPEARE
SONNETTE

UMDICHTUNG VON
STEFAN GEORGE

VIERTE   AUFLAGE

BLÄT-
TER
FÜR
DIE
KUNST

GEORG·BONDI
BERLIN·1922

Titelseite der Sonette in der Umdichtung von
Stefan George aus dem Jahr 1922

und größte Sammlung im Rahmen der modischen elisabethanischen Sonettdichtung und zugleich die ungewöhnlichste. Anders als die anderen Sonettzyklen der Zeit sind die Sonette 1 bis 126 (auch wenn man dies nicht bei jedem einzelnen Gedicht merkt) nicht an eine schöne Dame gerichtet, sondern an einen jungen Mann. Und die „dunkle Dame" *(Dark Lady),* welche in den Sonetten 127 bis 152 im Mittelpunkt steht, bildet einen deutlichen Kontrast zu dem traditionellen, von Petrarca stammenden Ideal der hellhäutigen blonden Sonettschönen. Zwei Schlußsonette behandeln das herkömmliche Thema des schlafenden Amor. Im Deutschen gibt es mehr als 40 Gesamtübersetzungen der Sonette und viele weitere Teilübersetzungen. Doch keine konnte eine der Schlegel-Tieck-Übersetzung der Dramen vergleichbare klassische Position erringen. Besonders herausragend, wenngleich nicht unumstritten, ist die dem Original sehr genau folgende Umdichtung von Stefan George. (Aus dieser stammen alle deutschen Texte im folgenden, mit Ausnahme von Sonett 116, das Rudolf Alexander Schröder übersetzt hat.)

Raimund Borgmeier

18   Shall I compare thee to a summer's day?
Thou art more lovely and more temperate:
Rough winds do shake the darling buds of May,
And summer's lease hath all too short a date:
Sometime too hot the eye of heaven shines,
And often is his gold complexion dimm'd;
And every fair from fair some time declines,
By chance, or nature's changing course, untrimm'd;
But thy eternal summer shall not fade
Nor lose possession of that fair thou ow'st;
Nor shall Death brag thou wander'st in his shade,
When in eternal lines to time thou grow'st:
So long as men can breathe or eyes can see,
So long lives this, and this gives life to thee.

60   Like as the waves make towards the pebbled shore,
So do our minutes hasten to their end;
Each changing place with that which goes before,
In sequent toil all forwards do contend.
Nativity, once in the main of light,
Crawls to maturity, wherewith being crown'd,
Crooked eclipses 'gainst his glory fight,
And Time that gave doth now his gift confound.
Time doth transfix the flourish set on youth,
And delves the parallels in beauty's brow,
Feeds on the rarities of nature's truth,
And nothing stands but for his scythe to mow.
And yet to times in hope my verse shall stand,
Praising thy worth, despite his cruel hand.

116   Let me not to the marriage of true minds
Admit impediments. Love is not love
Which alters when it alteration finds,
Or bends with the remover to remove.
O, no! it is an ever-fixed mark,
That looks on tempests and is never shaken;
It is the star to every wandering bark,
Whose worth's unknown, although his height be taken.
Love's not Time's fool, though rosy lips and cheeks
Within his bending sickle's compass come;
Love alters not with his brief hours and weeks,
But bears it out even to the edge of doom.
If this be error and upon me prov'd,
I never writ, nor no man ever lov'd.

18 Soll ich vergleichen einem sommertage
Dich der du lieblicher und milder bist?
Des maien teure knospen drehn im schlage
Des sturms und allzukurz ist sommers frist.
Des himmels aug scheint manchmal bis zum brennen ·
Trägt goldne farbe die sich oft verliert ·
Jed schön will sich vom schönen manchmal trennen
Durch zufall oder wechsels lauf entziert.
Doch soll dein ewiger sommer nie ermatten:
Dein schönes sei vor dem verlust gefeit.
Nie prahle Tod · du gingst in seinem schatten..
In ewigen reimen ragst du in die zeit.
Solang als menschen atmen · augen sehn
Wird dies und du der darin lebt bestehn.

60 Wie wogen drängen nach dem steinigen strand
Ziehn unsre stunden eilig an ihr end
Und jede tauscht mit der die vorher stand
Mühsamen zugs nach vorwärts nötigend.
Geburt · einstmals in einer flut von licht ·
Kriecht bis zur reife.. kaum damit geschmückt ·
Droht schiefe finstrung die den glanz durchbricht
Und Zeit die gab hat ihr geschenk entrückt.
Zeit sticht ins grün der jugend ihre spur
Und höhlt die linie in der schönheit braue ·
Frisst von den kostbarkeiten der natur..
Nichts ist worein nicht ihre sense haue.
Doch hält mein vers für künftig alter stand ·
Preist deinen wert trotz ihrer grimmen hand.

116 Heiß mich nicht sagen: treuer Herzen Bund
Gibt Hindernissen Raum: Lieb ist nicht Liebe,
Die wechseln würd mit wechselvoller Stund
Und dem Vertreiber weicht, der sie vertriebe.
O nein, sie bleibt die ewig feste Mark,
Blickt in den Sturm, bleibt selber ungeschüttelt,
Der Leitstern jeder seebefahrnen Bark,
Sein Ort bestimmt, sein Wesen unermittelt.
Kein Narr der Zeit: ob Rosen-Lipp und Wang
In den Bereich des Sichelschwunges fällt,
Lieb wechselt nicht mit Tag- und Mondengang,
Sie bleibt und dauert bis ans Ziel der Welt.
Ist dies ein Trug, des man mich zeihen kann,
Schrieb ich kein Wort, und liebte je kein Mann.
William Shakespeare: *Sonette*

Shakespeare-Kritik in Deutschland

Kaum ein anderer Dichter wurde in Deutschland so zum alles überragenden Genie erklärt wie Shakespeare. Seit der Schlegelschen Übersetzung hatte er einen festen Platz ganz oben auf der Liste der großen Klassiker.

Shakespeare-Denkmal in Weimar

In keinem Land außerhalb Großbritanniens hat Shakespeare eine so zentrale Bedeutung wie in Deutschland. Seit dem 19. Jahrhundert gilt er als deutscher Klassiker. Seine Stücke, allen voran *Hamlet*, wurden als dem deutschen Geist wesensverwandt gesehen: „Deutschland ist Hamlet!" – sagt Freiligrath 1844 programmatisch in einem Gedicht.

Dabei setzte die Shakespeare-Rezeption relativ spät ein. Noch 1733 stand in Jöchers Gelehrten-Lexicon der dürftige Eintrag: „Shakespeare (Wilh.) ein englischer Dramaticus, gebohren zu Stratford 1564, war schlecht auferzogen, und verstund kein Latein, brachte es aber in der Poesie sehr hoch. Er hatte ein schertzhafftes Gemüthe, kunte aber doch auch sehr ernsthafft seyn, excellirte in Tragödien…"

Erst von der Mitte des 18. Jahrhunderts an erfolgte die Entdeckung Shakespeares. Wieland verstand, wie die englische Shakespeare-Kritik der Zeit, Shakespeare als das große Naturgenie: „Seine Schauspiele sind, gleich dem grosen Schauspiele der Natur, voller anscheinender Unordnung…" Herder sah Shakespeare, in enger Nachbarschaft zu Ossian und der Volksdichtung, als „Dollmetscher der Natur in all' ihren Zungen". Von ihm beeinflußt, schrieb der junge Goethe anläßlich der ersten deutschen Shakespeare-Feier 1771, „Zum Schäkespears Tag", begeistert: „Und ich rufe Natur! Natur! nichts so Natur als Schäkespears Menschen." In der Aneignung Shakespeares und in dem Erlebnis der Hamlet-Aufführung findet Wilhelm Meisters Bildungsweg kennzeichnenderweise seinen Höhepunkt. Auch wenn Goethe später warnte: „Shakespeare ist für aufkeimende Talente gefährlich zu lesen...", hat gerade die Begegnung mit dem nicht an die klassischen Regeln gebundenen Werk Shakespeares der deutschen Literatur in Sturm und Drang und Klassik entscheidende Impulse verliehen.

Grundlegend für die Aufnahme Shakespeares waren die großen Leistungen der deutschen Shakespeare-Übersetzer. Goethe und seine Zeitgenossen kannten Shakespeare in der Prosafassung, die ab 1762 von Wieland mit 23 Stücken begonnen war und die 1775 bis 1782 von Eschenburg überarbeitet und vollendet wurde. Auf dieser Basis konnte dann die sog. „Schlegel-Tiecksche" Übersetzung entstehen (1797–1833), die das Ziel hatte, Shakespeare „treu und zugleich poetisch nachzubilden". Sie war lange Zeit „der deutsche Shakespeare" und blieb bis in die Gegenwart dominierend. Allerdings rief die wachsende Unzufriedenheit mit ihren epochebedingten Schwächen zunehmend fähige Übersetzer, wie u. a. Flatter, Schaller, Fried und schließlich Günther, auf den Plan. In letzter Zeit versuchen zwei zweisprachige Ausgaben mit deutscher Prosafassung, speziell den Leser neu an Shakespeare heranzuführen.

Seit der Klassik gab es in Deutschland keinen Dramatiker von Rang, der sich nicht mit Shakespeare intensiv auseinandersetzte. Grabbe, Hebbel und Büchner im 19. Jahrhundert sowie Hauptmann, Brecht und Dürrenmatt im 20. Jahrhundert sind in unterschiedlicher Weise durch Shakespeares Werk mitgeprägt. Brechts bekannte Maxime, „wir können den Shakespeare ändern, wenn wir ihn ändern können", läßt den Stellenwert Shakespeares erkennen, auch wenn sie sich zuerst auf Brechts Arbeit als Theatermann bezieht.

Im deutschen Theater ist Shakespeare nach wie vor der meistgespielte Autor. Die Bühnenreform zu Anfang des Jahrhunderts erhielt durch seine Stücke wichtige Anregungen. Große deutsche Regisseure, wie Reinhardt und Jessner in Berlin – oder später Zadek in Bremen und Bochum, Sellner in Darmstadt und Kortner in München – beschäftigten sich vorrangig mit Shakespeare. Höhepunkte im deutschen Shakespeare-Theater waren neben anderen herausragenden Inszenierungen 1927 und 1937 die Deutschen Shakespeare-Wochen in Bochum unter Saladin Schmitt.

Keinen unbedeutenden Anteil an der Auseinandersetzung mit Shakespeare hat die Deutsche Shakespeare-Gesellschaft, die 1864 in Weimar begründet wurde und nach dem Zweiten Weltkrieg durch die Unterstützung der Stadt Bochum und des Landes Nordrhein-Westfalen in Bochum ein neues Zentrum erhielt. 1993 wurden die beiden getrennten deutschen Shakespeare-Gesellschaften in Weimar wiedervereinigt.

Raimund Borgmeier

Shakespeare im Spiegel dreier Jahrhunderte

Einige markante Beispiele der Shake-speare-Kritik in Deutschland stellen folgende Textauszüge dar:

Die Uebersetzungssucht ist so stark unter uns eingerissen, daß man ohne Unterscheid Gutes und Böses in unsre Sprache bringt: gerade als ob alles was ausländisch ist, schön und vortrefflich wäre; und als ob wir nicht selbst schon bessere Sachen aus den eigenen Köpfen unsrer Landesleute aufzuweisen hätten. Die elendeste Haupt- und Staatsaction unsrer gemeinen Comödianten ist kaum so voll Schnitzer und Fehler wider die Regeln der Schaubühne und gesunden Vernunft, als dieses Stück Schakespears ist.

Johann Christoph Gottsched:
Beyträge zur Critischen Historie der Deutschen Sprache, Poesie und Beredsamkeit, 1741

Johann Christoph Gottsched

Unter den Engelländern hat Sasper den Ruhm, daß er in der Vorstellung solcher Geister und Phantasie-Wesen, derer Ursprung auf den Aberglauben und die Leichtgläubigkeit gegründet ist, etwas besonderes gehabt habe, und sie pflegen sich von ihm auszudrücken, daß keinem andern vergönnet sey, den Fuß in den von ihm gezogenen Zauberkreis zu setzen.

Johann Jakob Bodmer:
Von den Gemählden der Unsichtbaren Dinge, 1741

Die Charaktere sind es, durch die ein Lustspiel am meisten glänzet, und deren richtige Verbindung und Beobachtung, die glükklichsten Wirkungen hat; *Shakespeare,* ein Mann ohne Kenntniß der Regeln, ohne Gelehrsamkeit, ohne Ordnung, hat der Mannigfaltigkeit und der Stärke seiner Charaktere, den grösten Theil des Ruhmes zu danken, den ihm seine und alle andere Nationen, noch bis diese Stunde geben.

Friedrich Nicolai:
Von der Schaubühne der Deutschen, 1755

Je grösser die Gewalt ist, mit welcher der Dichter durch die Poesie in unsere Einbildungskraft wirkt, desto mehr äusserliche Action kann er sich erlauben, ohne der Poesie Abbruch zu thun, desto mehr muß er anwenden, wenn er die Täuschungen seiner Poesie mächtig genug unterstützen will. Sie kennen den *Shakespear.* Sie wissen, wie eigenmächtig er die Phantasie der Zuschauer gleichsam tyrannisirt, und wie leicht er sie, fast spielend aus einer Leidenschaft, aus einer Illusion in die andere wirft. Aber wie viel Ungereimtheiten, wie viel mit den Regeln

Hamburgische Dramaturgie.

Erster Band.

Hamburg,
In Commißion bey J. H. Cramer, in Bremen.

streitendes übersiehet man ihm auch in der äusserlichen Action, und wie wenig merkts der Zuschauer, dessen ganze Aufmerksamkeit auf eine andere Seite beschäftiget ist!

Moses Mendelssohn:
Anmerkung über Shakespeare.
Briefe, die neueste Literatur betreffend,
1762

(…) was man von dem Homer gesagt hat, es lasse sich dem Herkules eher seine Keule, als ihm ein Vers abringen,

das läßt sich vollkommen auch vom Shakespear sagen. Auf die geringste von seinen Schönheiten ist ein Stämpel gedruckt, welcher gleich der ganzen Welt zuruft: ich bin Shakespears! Und wehe der fremden Schönheit, die das Herz hat, sich neben ihr zu stellen!

Gotthold Ephraim Lessing:
Hamburgische Dramaturgie: 73. Stück,
1767–69

Welcher Schriftsteller hat jemals so tief in die menschliche Natur gesehen? Wer ihre geheimsten Triebräder, ihre verdecktesten Bewegungen, alle ihre Gesetze, Abweichungen und Ausnahmen, – wer das Unterscheidende jeder Leidenschaft, jedes Temperaments, jeder Lebensart, jeder Classe, jedes Geschlechts besser gekannt als Er? Wer besitzt einen grössern Reichthum an Bildern, die von der Natur unmittelbar abgedruckt sind? Wer hat in einem so hohen Grade diese Anschauungskraft, welcher, zu eben der Zeit da sie den ganzen Kreis der Menschheit umspannt, die feinsten Züge, und die leichtesten Schattierungen der Individual-Formen nicht entwischen? Wer hat jemals jede Art und Classe von Menschen, jedes Alter, jede Leidenschaft, jeden einzelnen Charakter die ihm eigenthümliche Sprache so meisterlich reden lassen?

Christoph Martin Wieland:
Der Geist Shakespeares:
Akademie-Ausgabe XXI, 1773

Schäckespears Theater ist ein schöner Raritäten Kasten, in dem die Geschichte der Welt vor unsern Augen an dem unsichtbaaren Faden der Zeit vorbeywallt. Seine Plane sind, nach dem gemeinen Styl zu reden, keine Plane, aber seine Stücke, drehen sich alle um den geheimen Punckt, ‖: den noch kein Philosoph gesehen und bestimmt hat :‖ in dem das Eigenthümliche unsres Ich's, die prätendirte Freyheit unsres Wollens, mit dem nothwendigen Gang des Ganzen zusammenstösst. Unser verdorbner Geschmack aber, umnebelt dergestalt unsere Augen, dass wir fast eine neue Schöpfung nötig haben, uns aus dieser Finsternis zu entwickeln.

Johann Wolfgang v. Goethe:
Zum Schäckespears Tag, 1771

Johann Wolfgang von Goethe

Die Gartenkunst und die dramatische Dichtkunst haben in neuern Zeiten ziemlich dasselbe Schicksal, und zwar bei denselben Nationen, gehabt. Dieselbe Tyrannei der Regel in den französischen Gärten und in den französischen Tragödien; dieselbe bunte und wilde Regellosigkeit in den Parks der Engländer und in ihrem Shakespeare; und so wie der deutsche Geschmack von jeher das Gesetz von den Ausländern empfangen, so mußte er auch in diesem Stück zwischen jenen beiden Extremen hin und her schwanken.

Friedrich Schiller:
Sämtliche Werke, 1793

Nun hat sich aber seit vielen Jahren das Vorurtheil in Deutschland eingeschlichen, daß man Shakespeare auf der deutschen Bühne Wort für Wort aufführen müsse, und wenn Schauspieler und Zuschauer daran erwürgen sollten. Die Versuche, durch eine vortreffliche genaue Übersetzung veranlaßt, wollten nirgends gelingen, wovon die weimarische Bühne bei redlichen und wiederholten Bemühungen das beste Zeugniß ablegen kann. (…) aber die Redensart, daß auch bei der Vorstellung von Shakespeare kein Jota zurückbleiben dürfe, so sinnlos sie ist, hört man immer wiederklingen. Behalten die Verfechter dieser Meinung die Oberhand, so wird Shakespeare in wenigen Jahren ganz von der deutschen Bühne verdrängt sein, welches denn auch kein Unglück wäre, denn der einsame oder gesellige Leser wird an ihm desto reinere Freude empfinden…

Johann Wolfgang v. Goethe:
Shakespeare und kein Ende!
1815 – 1826

Er (Shakespeare) ist gar zu reich und zu gewaltig. Eine productive Natur darf alle Jahre nur ein Stück von ihm lesen, wenn sie nicht an ihm zu Grunde gehen will.

Johann Wolfgang v. Goethe:
Gespräch mit Eckermann, 25. 12. 1825

Es ist eine ganze Welt in Shakspeares Werken entfaltet. Wer diese einmal in das Auge gefasst hat, wer in das Wesen seiner Dichtung eingedrungen ist, der wird sich schwerlich durch die bloss scheinbare Unförmlichkeit, oder vielmehr die besondre und ihm ganz eigentümliche Form stören lassen, oder durch das, was man über diese, wo man den Geist nicht verstand, gesagt hat. Vielmehr wird er auch die Form in ihrer Art gut und vortrefflich finden, in so fern sie jenem Geist und Wesen durchaus entspricht, und wie eine angemessene Hülle sich ihm glücklich anschliesst...

Friedrich Schlegel:
Geschichte der alten und neuen Litteratur,
1812

Man geht nicht zu weit, wenn man ausspricht, Shakspeare sei ein Priester, ein Apostel der Freiheit. Überall setzt er sie als das Selbstverständliche voraus. Sie durchweht und durchbebt alles geistige Dasein.

Flathe:
Shakespeare in seiner Wirklichkeit, 1863

Das deutsche Volk aber ist der Atlas, welcher die Philologie der Welt auf seinen Schultern trägt. Wir Deutschen können Shakespeare nicht entbehren, ja wir können uns seiner nicht entäussern, selbst wenn wir wollten. Durch den Einfluss, den er auf unsere Literatur ausgeübt hat und fortwährend ausübt, ist er ohne Widerrede einer der Unsrigen geworden.

Elze:
Shakespeare's Geltung für die Gegenwart,
1866.

Ohne undankbar zu sein gegen England, das uns diesen größten aller Dichter geschenkt hat, dürfen wir es mit Stolz sagen: daß der deutsche Geist zuerst Shakespeares Wesen tiefer erkannte.

Vischer:
Shakespeare-Vorträge, 1899

Um ein Stück Shakespeares mit Gewinn und Vergnügen zu lesen, bedarf es keiner speziellen wissenschaftlichen Vorkenntnisse. Shakespeare selber sorgt dafür, daß wir das, was wir zum Verständnis der Handlung wissen müssen, bald erfahren; er sorgt dafür, daß nicht nur seine Zuschauer, sondern ebenso seine Leser rasch in den Bannkreis des dramatischen Geschehens hineingezogen werden. Und auch in der deutschen Übersetzung ist die Faszinationskraft seiner Sprache noch so groß, daß die Verse seiner Personen uns schon nach kurzer Weile als das natürlichste Ausdrucksmittel seiner dramatischen Charaktere erscheinen.

Clemen:
Wie sollen wir ein Drama von
Shakespeare lesen?
Shakespeare-Kommentar, 1968

Der deutsche Shakespeare ist eine glanzvolle Leistung der Übersetzungskunst und ein dorniges Problem für die Übersetzungstheorie.

Suerbaum:
Der deutsche Shakespeare:
Übersetzungsgeschichte und
Übersetzungstheorie, 1972

Die moderne Shakespeare-Forschung

Die Herausgeber der ersten Folio-Ausgabe richten ihr kurzes Vorwort zwar an sehr unterschiedliche Leser („To the great Variety of Readers. From the most able to him that can but spell"), aber sie sehen dieses Publikum zur gleichen Zeit als eine mehr oder weniger geschlossene Einheit. Am Ende beruhigen sie den, der Shakespeare vielleicht nicht so richtig versteht, mit dem Hinweis, er könne bei Bedarf Unterweisung und Führung von Shakespeare-Kennern erhalten („so we leave you to other of his Friends, whom if you need, can be your guides"). Shakespeare-Freunde – so ist die Annahme – stehen miteinander im Gespräch und helfen einander.

Auch wenn man heute bei bestimmten Anlässen, z. B. bei Shakespeare-Tagen, von ähnlichen Voraussetzungen ausgeht, so hat sich die Situation doch grundlegend geändert. Professionalisierung und Spezialisierung bestimmen die Szene. Seit dem Ende des 19. Jahrhunderts ist die Auseinandersetzung mit Shakespeare und seinem Werk, die vorher eine Sache für alle literarisch Interessierten, insbesondere für Dichter und Literaten, war, eine akademische Disziplin geworden.

Zugleich ist das Ausmaß der Studien und Untersuchungen, die sich mit Shakespeare befassen, unvorstellbar angewachsen. Schon in den 30er Jahren unseres Jahrhunderts hat man den Begriff der „Shakespeare-Industrie" geprägt. Heute vermag kein Fachmann mehr die gesamte Sekundärliteratur zu Shakespeare eingehend zu verarbeiten; den Nicht-Fachmann erreichen die wissenschaftlichen Publikationen meist gar nicht oder allenfalls indirekt.

Im Englischen wird die Aufsplitterung der Shakespeare-Forschung schon daran erkennbar, daß es zwei verschiedene Ausdrücke dafür gibt: *scholarship* ist die empirische Faktenforschung; *criticism* hat mit der Interpretation der Texte zu tun. Und paradoxerweise ist *textual criticism,* Textkritik, gerade der entscheidende Bereich von *scholarship;* es geht um die Erstellung von verläßlichen Texten.

Am Anfang stehen hier die Herausgeber des 18. Jahrhunderts, von denen Rowe der erste und Capell nach heutigem Verständnis der wichtigste ist. Sie sorgten dafür, daß die teilweise grob entstellten Fassungen von Shakespeares Stücken korrigiert wurden, und waren dabei auch mit eigenen Verbesserungen, sogenannten Emendationen, nicht zimperlich. Der weitere Weg konnte nur darin bestehen, diese Emendationen zum Teil wieder zurückzunehmen und originalen, schwierigen Lesarten wieder mehr zu ihrem Recht zu verhelfen. Einen gewissen Abschluß fand diese textkritische Arbeit in dem 1863 – 66 erschienenen *Cambridge Shakespeare,* der es erreichte, daß ein einheitlicher, weithin akzeptierter und verläßlicher Shakespeare-Text vorlag. Die sogenannten „New Bibliography" im 20. Jahrhundert vermochte jedoch weiterhin mit verfeinerten Methoden den Weg des Autormanuskripts zum Druck immer präziser zu erfassen. Darauf konnten neuere Ausgaben aufbauen, wie beispielsweise die 1974 publizierte *Riverside Edition* (Grundlage der neuen Konkordanz von Spevack) oder die seit den 80er Jahren herauskommenden *Oxford Shakespeare* und *Cambridge Shakespeare*. Aber ein fundamentaler Neuansatz ist in dieser Richtung bisher nicht erfolgt.

Neben biographisch-einfühlsamen Leben-und-Werk-Abhandlungen dominierten im 19. Jahrhundert Charakterstudien, in denen die Figuren aus Shakespeares Stücken, allen voran natürlich *Hamlet*, wie lebende Personen besprochen werden. Bradleys *Shakespearean Tragedy* (1904) bildet Abschluß und Höhepunkt dieses Ansatzes. Demgegenüber trat dann im frühen 20. Jahrhundert die historische Forschung in den Vordergrund und erarbeitete grundlegende Kenntnisse zur Biographie des Autors, zum geschichtlichen Hintergrund, zum literarischen Kontext und zu den Quellen von Shakespeares Dramen. Ab den 30er Jahren stand hingegen die Interpretation der Dramentexte zunehmend im Mittelpunkt. Die Kritiker stützten sich immer mehr auf das Prinzip des *close reading*, der intensiven Analyse ausgewählter Textstellen. Es ging ihnen vor allem um Themen und Muster *(patterns)*, und sie neigten dazu, Shakespeares Stücke als dramatische Gedichte zu behandeln. Die unvermeidliche Reaktion darauf setzte nach dem Zweiten Weltkrieg ein, indem die Shakespeare-Forscher sich immer stärker daran erinnerten, daß Shakespeares Stücke in erster Linie als Partituren für die Bühne geschrieben wurden und sich erst in zweiter Linie an den Leser richteten.

Während der sogenannte *New Criticism* mit seiner Methode des *close reading* schon lange die Komplexität und Mehrdeutigkeit der Dramentexte herausgearbeitet hatte, geht es den heutigen Kritikern, die dem Poststrukturalismus zugeordnet werden, darum, generell die Unmöglichkeit eines verbindlichen Verständnisses von Shakespeares Texten hervorzuheben. Vor allem die als *deconstruction* bezeichnete Richtung möchte im Text verborgene Brüche, Sinnlücken und Widersprüche aufdecken. Feministische Kritikerinnen haben seit einiger Zeit versucht aufzuzeigen, wie in Shakespeares Stücken die Unterprivilegisierung von Frauen, die Verhinderung ihrer vollen Teilnahme an Kultur und Zivilisation, zum Ausdruck kommt. Die Schule des *New Historicist criticism* schließlich sieht in den Shakespeare-Dramen den theatralischen Ausdruck unterschiedlicher Strömungen und Konzepte von Macht und Politik. So läßt sich die Shakespeare-Forschung, das umfangreichste Korpus von Sekundärliteratur, das je einem literarischen Autor gewidmet wurde, nicht zuletzt als Bestätigung für die Feststellung von T. S. Eliot sehen: „Shakespeare criticism will always change as the world changes".

Raimund Borgmeier

Das Globe Theatre

Einmal eine Aufführung von Shakespeares Globe Theatre sehen? Dieser bisher unerfüllbare Wunschtraum so mancher leidenschaftlicher Shakespeare-Fans könnte bald zum festen Programmpunkt von Touristenreisen nach London werden. Es ist nur noch eine Frage der Zeit und der Finanzierung.

Käme Shakespeare heute noch einmal an die Bankside und suchte im heutigen Southwark nach Überresten seines Theaters, er fände an dessen ursprünglichem Standort nur eine Häuserreihe aus dem 19. Jahrhundert und den Parkplatz einer Brauerei. Aber gerade um die Ecke könnte er auf ein prachtvolles Gebäude treffen, das ihm vertraut wäre: Hier entsteht ein Nachbau seines Globe Theatre.

Ein amerikanischer Schauspieler namens Sam Wanamaker, der vor über 40 Jahren nach England kam, war begeistert von Shakespeare und seinen Stücken – und schockiert, daß auf der Bankside nur eine kleine Tafel auf das Theater verwies, in dem ehemals höchstwahrscheinlich *Hamlet, Macbeth, King Lear, Othello* und viele andere Klassiker der englischen Literaturgeschichte uraufgeführt worden waren. Dieser Mann schaffte es nach jahrzehntelangen Verhandlungen mit der Stadtverwaltung, die ihn schließlich sogar vor Gericht führten, sich seinen langgehegten Traum zu erfüllen und seinem Helden ein großartiges Denkmal zu setzen: Der heute über siebzigjährige Wanamaker baut Shakespeares Globe Theatre ganz in der Nähe des Originalstandortes auf der Bankside nach.

Es ist ihm gelungen, Prinz Philip als Schirmherrn für den Shakespeare Globe Trust zu gewinnen, außerdem haben sich ihm eine Vielzahl von hochqualifizierten Fachleuten angeschlossen: Architekten, Historiker, Archäologen, Literaturwissenschaftler, Personen des öffentlichen Lebens und eine Reihe von britischen Schauspielerkollegen, wie etwa Sir Dirk Bogarde, Michael Caine, Sean Connery,

Ansicht des alten Globe Theatre (17. Jh.)

Timothy Dalton, Dame Maggie Smith, Diana Rigg, Michael York und Peter O'Toole, um nur einige zu nennen.

Ermöglicht wurde das spektakuläre Projekt erst durch die Entdeckung der Fundamente des Globe und des Rose 1989, was eine präzise Rekonstruktion der Architektur der elisabethanischen Theater erlaubte. Leider konnte nur ein Teil der Fundamente des Globe freigelegt werden, da sie stellenweise unter den Grundmauern einer denkmalgeschützten Häuserzeile im „Georgian Style" liegen. Immerhin klärte sich anhand der Funde die grundsätzliche Frage nach der genauen Form des „wooden O"; es war ein Vieleck mit 24 Seiten. Das rekonstruierte Globe Sam Wanamakers hält sich so nah wie möglich an die Bauweise seines elisabethanischen Vorbildes und wird daher vorwiegend aus Holz erbaut. Diese Bauweise ist nicht nur sehr aufwendig, sondern auch recht kostspielig, zumal für die Zuschauergalerien Eichenbalken verwendet werden. So kostet allein eine Seite des Vielecks mehr als 30 000 Pfund. Insgesamt wird der Bau des Theatergebäudes mindestens 3 Mio. Pfund verschlingen. Da der Shakespeare Globe Trust weitere Ausgaben plant, dürften die Gesamtkosten des Projekts weitaus höher liegen. So wird zum Beispiel das bereits eröffnete Shakespeare-Museum mit den neuesten Multi-Media-Techniken ausgestattet, um Shakespeare und sein Werk der medienverwöhnten Jugend zu vermitteln. Außerdem ist ein Archiv bzw. eine Bibliothek für die Shakespeare-Forschung, eine Schauspielschule und der Bau eines kleineren zweiten Theaters für die Wintersaison nach den Vorga-

ben des großen englischen Architekten Inigo Jones (1573 – 1652) geplant.

Daß dieser große Baukomplex nicht ganz so schnelle Fortschritte machen kann, wie ursprünglich vorgesehen, liegt an der Finanzierungsweise. Der Shakespeare Globe Trust erhält keinerlei staatliche Unterstützung und auch keine Gelder aus europäischen Fördermitteln. Die Rekonstruktion des Globe Theatre wird einzig und allein aus Spendengeldern der Shakespeare-Freunde aus aller Welt finanziert, und so versucht der Trust auf erfindungsreichen Wegen, dieses Geld aufzutreiben. Der Shakespeare-Liebhaber kann zum Beispiel in einem symbolischen Akt Pflastersteine des Globe-Vorplatzes kaufen, die dann seinen Namen als Stifternachweis tragen, falls er das wünscht, und Schulklassen, die eine bestimmte Summe zusammensammeln, dürfen eine „Zeitkapsel" mit Gegenständen ihrer Wahl füllen, die im Untergeschoß des Globe eingemauert wird.

Kommen ausreichende Spendengelder zusammen, soll spätestens ab Mitte der 90er Jahre der London-Besucher die Möglichkeit haben, im wiedererstandenen Globe Theatre Shakespeares Stücke zu sehen. Das dritte Globe Theatre an diesem Ort – das erste brannte 1613 bei der Uraufführung von *Heinrich VIII.* ab, das zweite wurde von den Puritanern 1644 abgerissen – wird wegen der Sicherheitsvorschriften nur noch 1500 Plätze anstelle der ursprünglichen 3000 des alten Globe fassen. Die Aufführungen werden originalgetreu sein, d. h. für den Theaterbesucher, er wird die Vorstellung am Nachmittag bzw. frühen

Zeichnung des rekonstruierten Globe Theatre nach den Plänen von Sam Wanamaker

Abend erleben, ohne elektrisches Licht und ohne Verstärker, bei Live-Musik, in einem Theater unter freiem Himmel und ohne Heizung… Er wird Schauspieler in Renaissance-Kostümen auf einer Bühne mit den heute unüblichen Maßen von 14 x 9 Metern sehen, die weit in den Zuschauerraum hineinragt. Als einziges Zugeständnis an heutige Zuschauer werden für die „groundlings" Holzbänke aufgestellt. Da die Textvorlagen ungekürzt bleiben, dauern die Vorstellungen teilweise über drei Stunden. Trotzdem dürfte das Erlebnis einer solchen Aufführung einen recht authentischen Eindruck eines Theaterbesuchs zu Shakespeares Zeiten hinterlassen. Das Hauptanliegen des Shakespeare-Globe-Projekts, nämlich das Interesse der Jugend am Werk des großen Engländers zu wecken und eine lebendige Vorstellung von der Zeit Elisabeths I. zu vermitteln, dürfte sicherlich erreicht werden.

Martina Reitz

The Shakespeare Globe Museum.
Bear Gardens, Bankside, London
Öffnungszeiten: Mo – Sa 10.00 – 17.00 Uhr
*   So   14.00 – 17.30 Uhr*

Zeittafel

1564 26. April: Taufe von William, dem dritten Kind von John Shakespeare aus Snitterfield und Mary Arden aus Wilmcote; die Eltern Shakespeares stammten aus Ortschaften in der Nähe von Stratford, wo sie 1557 heirateten. Wahrscheinliches Datum der Geburt Williams: 23. April, am Sankt-Georgs-Tag

1568 John Shakespeare wird „bailiff" der Stadt, d. h. er nimmt als Vorsteher der Gilde das höchste Amt der Stadt ein. Theateraufführungen in Stratford von den Queen's Men.

1582 28. November: Heirat von William Shakespeare und Anne Hathaway, geboren 1566

1583 2. Februar: Taufe von Susanna

1585 26. Mai: Taufe der Zwillinge Hamnet und Judith

1586 Ausschluß John Shakespeares aus der Gilde

1587 Die Schauspielertruppen Queen's Men und Leicester's Men spielen in Stratford. Möglicherweise geht William mit ihnen nach London.

1588 Untergang der spanischen Armada und damit Verhinderung einer Invasion in England

1590–1592 Erste Aufführungen der Historien-Trilogie *Heinrich VI.*

1592 3. März: Henslowe nennt die Aufführung von *Heinrich VI.* in seinem Tagebuch.

1592 Robert Greene greift Shakespeare in einem posthumen Werk an, das von Henry Chettle (der sich später bei Shakespeare in einem anderen Werk entschuldigt) veröffentlicht wird. Die Pest wütet in London mit kurzen Unterbrechungen bis zum Mai 1594 (über 20 000 Pestopfer). Während dieser Zeit bleiben alle Theater geschlossen.

1596 11. August: Hamnet, Zwillingsbruder von Judith und einziger Sohn Shakespeares, stirbt im Alter von 11 Jahren.

1597 Shakespeare erwirbt das Haus New Place in Stratford für 60 Pfund Sterling.

1598 Veröffentlichung als Quarto-Ausgabe: das von *Love's Labour's Lost* erste Stück, das unter Shakespeares Namen veröffentlicht wird. Im September spielt Shakespeare in Ben Jonsons Komödie *Every Man In His Humour.*

1598–1599 Das Theater in Shoreditch wird von Burbage abgebaut und als Globe in Southwark am anderen Themseufer wiederaufgebaut.

1601 Aufführung von *Richard II.* im Globe, am 7. Februar, unmittelbar vor dem Essex-Aufstand

1603 Durch königliches Privileg werden die Chamberlain's Men zu den King's Men. 30 000 Tote fordert die Pestepidemie in London von März 1603 bis April 1604. Der Einzug des Königs in London zu den Krönungsfeierlichkeiten wird um ein Jahr verschoben.

1605–1609 Neue Pestepidemie in London. 5. November 1605: Gun Powder Plot unter Führung von Guy Fawkes

1607 5. Juni: Heirat der ältesten Shakespeare-Tochter, Elisabeth, mit John Hall, einem angesehenen Arzt aus Stratford

1608 Shakespeare ist einer der Mitgründer des geschlossenen Theaters von Blackfriars. 9. September: Beerdigung seiner Mutter

1610 Wahrscheinliche Rückkehr Shakespeares nach Stratford in sein Haus New Place

1612 3. Februar: Beisetzung von Gilbert, einem Bruder des Dramatikers. Rechtsstreit zwischen Shakespeare und Belott-Mountjoy. Unter Shakespeares Zeugenaussage steht die erste von ihm erhaltene Unterschrift (die anderen finden sich in seinem Testament).

1613 29. Juni: Brand des Globe Theatre

1616 10. Februar: Heirat von Judith, der jüngsten Shakespeare-Tochter, mit Thomas Quiney, Sohn eines Freundes der Familie, in Stratford. 25. März: Shakespeare unterzeichnet sein Testament. 23. April: Tod Shakespeares (wahrscheinlich am Tage seines 52. Geburtstages). Zwei Tage später, am 25. April, wird er beerdigt.

1623 Anne Shakespeare, die Witwe des Dichters, stirbt. Veröffentlichung der Folio-Ausgabe, der ersten Sammelausgabe von Shakespeares Dramen (es fehlen nur *Pericles* und *The Two Noble Kinsmen*)

Shakespeares Werke

Die Dramen:

1589 – 1590	*Heinrich VI., Erster Teil*
1590 – 1591	*Heinrich VI., Zweiter Teil* *Heinrich VI., Dritter Teil*
1592 – 1593	*Richard III.* *Titus Andronicus*
1593 – 1594	*Die Komödie der Irrungen* *Der Widerspenstigen Zähmung*
1594 – 1595	*Die beiden Veroneser* *Liebes Leid und Lust*
1595 – 1596	*Romeo und Julia* *Richard II.* *Ein Sommernachtstraum*
1596 – 1597	*König Johann* *Der Kaufmann von Venedig*
1597 – 1598	*Heinrich IV., Erster Teil* *Heinrich IV., Zweiter Teil*
1598 – 1599	*Viel Lärmen um Nichts* *Heinrich V.* *Die lustigen Weiber von Windsor*
1599 – 1600	*Julius Caesar* *Wie es Euch gefällt* *Was Ihr Wollt*
1600 – 1601	*Hamlet*
1601 – 1602	*Troilus und Cressida*
1602 – 1603	*Ende gut, alles gut* *Othello*
1603	*Maß für Maß*
1604 – 1605	*König Lear*
1605 – 1606	*Macbeth*
1606 – 1607	*Antonius und Cleopatra* *Timon von Athen*
1607 – 1608	*Coriolanus*
1608 – 1609	*Perikles*
1609 – 1610	*Cymbeline*
1610 – 1611	*Das Wintermärchen*
1611 – 1612	*Der Sturm*
1612 – 1613	*Heinrich VIII.*
1613 – 1614	*Die beiden edlen Vettern*

Die Dichtungen:

1593	*Venus und Adonis*
1594	*Die Schändung der Lucretia*
1609	*Sonette*

Die Londoner Theater im 16. und 17. Jahrhundert

Theater nördlich der Themse:

The Theatre (1576 – 1598): J. Burbage. Lord Chambellan's Men.

The Curtain (1576 – 1660?): Chambellan (1576 – 1579). Queen Anne.

First Blackfriars* (1576 – 1584): Richard Farrant. Children of the Chapel Royal.

Second Blackfriars* (1600 – 1608): Henri Evans. Children of the Chapel Royal.

Second Blackfriars (1608 – 1655): King's Men.

The Fortune (1600 – 1621): Alleyn-Henslowe. Lord Admiral's Men.

Whitefriars* (1608 – 1629): King's Revels.

The Phoenix (oder Chockpit)* (1617-1661?): C. Beeston. Queen Anne.

The Second Fortune (1623 – 1649): Alleyn. Palsgrave's Men.

Theater südlich der Themse:

Newington Butts (1580 – 1695?): Henslowe? Lord Chambellan's Men.

The Rose (1587 – 1622): Henslowe. Lord Admiral's Men (1594 – 1600).

The Swan (1595 – 1640): Langley. Lord Admiral's Men (1596?).

First Globe Theatre (1599 – 1613): Burbage. Lord Chambellan's Men, später King's Men.

Second Globe Theatre (1616 – 1644): King's Men.

The Hope (1614 – 1656): Henslowe. Lady Elisabeth's Men (1614).

(* Bedeutet, daß es sich um ein geschlossenes Theater oder Privattheater handelt.)

Glossar

Bälgenflicker: (engl. „bellows-mender"); einer der Handwerker in *Ein Sommernachtstraum* hat diesen heute ausgestorbenen Beruf; er repariert die Luftzufuhrsysteme von Kirchenorgeln und die aus Leder bestehenden Blasebälge zum Feueranmachen.

Blackfriars: Das wichtigste der sog. „Privattheater", die im Gegensatz zu sog. „öffentlichen Theatern" oder Amphitheatern einen geschlossenen Raum und, wegen der höheren Eintrittspreise, ein wohlhabenderes Publikum haben. Shakespeares Truppe übernimmt das Blackfriars Theatre 1608. Der Name verweist auf ein 1275 gegründetes Dominikanerkloster an dieser Stelle, das in der Reformation aufgelöst wird, jedoch weiter als exterritoriales Gebäude fortbesteht.

Cockpit: (dt. „Hahnengrube"); Name eines sog. „Privattheaters", das 1616 aus einer überdachten Hahnenkampfstätte entsteht. Diese Umwandlung und der Name sind bezeichnend für das Theater der Shakespeare-Zeit, das sich im Wettstreit mit Tierkampfveranstaltungen und ähnlichen Freizeitangeboten behaupten muß.

Elisabethanische Epoche: Eigentlich die Regierungszeit von Königin Elisabeth I. (1558 – 1603); oft wird der Begriff auch für die Shakespeare-Zeit allgemein gebraucht.

Emblembücher: Bücher mit symbolischen Bildern und einem dazugehörenden Motto, die sich im 16. und 17. Jahrhundert großer Beliebtheit erfreuen. Das berühmteste ist *Emblemes* (1635) von Francis Quarles.

Euphuismus: Bezeichnung für einen schwülstigen und gekünstelten Sprachstil, der vor allem auf John Lylys Roman *Euphues* (1579) zurückgeht. Sein Einfluß zeigt sich besonders in Shakespeares frühen Stücken.

Exempla: (dt. „Beispiele"); seit dem Mittelalter beliebte Sammlungen von moralisch-lehrreichen Geschichten.

Folio-Ausgabe: (lat. „folium": Blatt); indem der Druckerbogen nur einmal gefaltet wird, entsteht ein Großformat. In der ersten Folio-Ausgabe von 1623 erscheinen zum ersten Mal Shakespeares gesammelte Stücke (außer *Perikles* und *Die beiden edlen Vettern*). Weitere Folio-Ausgaben folgen 1632, 1663 und 1685.

Fool: Obgleich die Elisabethaner oft beide Wörter mit der gleichen Bedeutung gebrauchen, kann man doch zwischen der Figur des derben Possenreißers (clown) und dem feinsinnigen Narren (fool), wie er in *König Lear* auftritt, unterscheiden.

Gigue: Formeller Paartanz des 16. und 17. Jahrhunderts; oft Abschluß einer Theatervorstellung

Hired men: Aushilfskräfte am Theater, die für Nebenrollen eingestellt werden, jedoch nicht ständige Mitglieder der Schauspieltruppe sind.

Imago mundi: (dt. „Bild der Welt"); das mittelalterliche Weltbild, das weitgehend auch noch für die Elisabethaner Gültigkeit besitzt, ist ein System mit vielen wunderbaren Elementen. Auf der berühmten Weltkarte („Mappa Mundi") in der Kathedrale von Hereford liegt Jerusalem im Mittelpunkt und das Paradies oben.

Interludien: Kurze weltliche Stücke im 15. und 16. Jahrhundert, meist komischen Inhalts, die in den Zwischenzeiten anderer Veranstaltungen gespielt werden

Kette des Seins: (engl. „chain of being"); wichtigste Bildvorstellung der Zeitgenossen Shakespeares, in der die nach elisabethanischer Ansicht hierarchisch geordnete Struktur der Welt bzw. des Kosmos zum Ausdruck kommt.

Knots: In kunstvollen Mustern angelegte Blumenbeete

Lost Years: (dt. „die verlorenen Jahre"); da es für die sieben Jahre zwischen der Taufe der Zwillinge 1585 und der ersten Erwähnung Shakespeares in London 1592 keine Zeugnisse gibt, wird diese Zeit gern so bezeichnet und mit allen möglichen Vermutungen ausgeschmückt.

May pole: (dt. „Maibaum"); um den mit spiralförmigen Streifen versehenen, blumengeschmückten hohen Mast, der auf einem offenen Platz aufgestellt ist, tanzen die fröhlichen jungen Leute am Maifeiertag.

Mazes: Aus Hecken gebildete Irrgärten oder Labyrinthe; heute z. B. noch in Hampton Court Palace bei London zu besichtigen.

Merrie Old England: (dt. „das lustige, gemütliche alte England"); klischeehafte Vorstellung, mit der man später die Zeit Elisabeths I. verbindet

Morality plays: Christlich belehrende Stücke mit allegorischen Figuren wie „Strength" (Stärke), „Good Deeds" (Gute Taten) oder „Gluttony" (Völlerei). Besonders die Figur des „Vice" (Laster) zeigt in Shakespeares Stücken ihren Einfluß.

Morris dance: (dt. „Moriskentanz"); Tanz von verkleideten, schellentragenden Männern

Motley: Das „bunte" Kleid des Narren

Mummers' plays: (vgl. dt. „Mummenschanz"); der stereotype Handlungsverlauf (der hl. Georg wird im Kampf getötet und später wieder zum Leben erweckt) mit den Themen Tod und Auferstehung deutet darauf hin, daß diese bis ins 19. Jahrhundert auf den britischen Inseln verbreiteten Spiele auf heidnische Frühlings- und Fruchtbarkeitsrituale zurückgehen.

Mystery plays: Mittelalterliche Dramatisierungen der biblischen Geschichte von der Schöpfung bis zum Jüngsten Gericht. Die wichtigsten englischen Zyklen sind die von York, Coventry, Wakefield und Chester.

Pageant: Ursprünglich die fahrbare Bühne oder Plattform, auf der die *Mystery plays* (s. o.) aufgeführt werden. Später sind es festliche Umzüge, wie sie heute noch in der Lord Mayor's Show zu sehen sind.

Play within the play: (dt. „Spiel im Spiel"); das elisabethanische Drama macht häufig Gebrauch von diesem Motiv, um die Schauspielkunst als solche zu thematisieren und ihre Scheinrealität zu entlarven.

Puritaner: Calvinistisch eingestellte Protestanten zur Zeit Shakespeares, denen die Reformation in England noch nicht weit genug gegangen ist. Sie gehören hauptsächlich der Mittelschicht an. Mißtrauisch gegen alle Sinnenfreuden, stehen sie dem Theater feindlich gegenüber und setzen 1642 die Schließung der Theater durch.

Quarto-Ausgabe: Im Gegensatz zur Folio (s. o.) wird hierbei der Druckbogen zweimal gefaltet, so daß vier Blätter bzw. acht Seiten eines kleineren Formats entstehen. 18 von Shakespeares Stücken sowie die Gedichte erscheinen vor 1623 in einer oder mehreren Quarto-Ausgaben (die anderen Stücke werden zuerst in der Folio-Ausgabe publiziert). Man unterscheidet die relativ textgetreuen „good Quartos" von den häufig sehr unzuverlässigen „bad Quartos".

Tudor: Das englische Königshaus, das von 1485 bis 1603 regiert. Elisabeth I. ist die letzte und zugleich die bedeutendste Regentin aus diesem Hause.

Vice-Figuren: Diese Komischen Figuren, die das „Laster" verkörpern, mit dem Teufel assoziiert werden und Freude daran haben, Unheil zu stiften, finden sich in den spätmittelalterlichen *Morality plays* (s. o.).

Vier-Temperamenten-Lehre: Nach der auf den spätantiken Mediziner Galen zurückgehenden Lehre gibt es vier Körpersäfte (humours), die den vier Elementen zuzuordnen sind. Wenn einer der Säfte das Übergewicht hat, bestimmt er dadurch entsprechend das Temperament: Melancholie/melancholisch (Erde), Phlegma/phlegmatisch (Wasser), Blut/sanguinisch (Luft), Galle/cholerisch (Feuer).

Kleine Auswahl der weiterführenden Literatur

Gesamtausgabe (1 Band)

The Riverside Shakespeare. Hrsg.: G. B. Evans, Boston, 1974.

Reihen (pro Stück 1 Band)

Englisch:
The New Arden Shakespeare (ab 1962)
The New Penguin Shakespeare (ab 1970)
The Oxford Shakespeare (ab 1982)
The New Cambridge Shakespeare (ab 1984)

Zweisprachig:
Der neue Reclam Shakespeare (ab 1973)
Engl.-dt. Studienausgabe der Dramen Shakespeares (ab 1976)

Deutsch:
Reclam Shakespeare einsprachig (Schlegel-Tieck-Übersetzung)

Zeitschriften (mit Bibliographien)

Shakespeare Jahrbuch (ab 1984)
Shakespeare Survey (ab 1948)
Shakespeare Quarterly (ab 1950)
Shakespeare Studies (ab 1965)

Handbücher und Konkordanzen

Rüdiger Ahrens (Hrsg.): William Shakespeare. Didaktisches Handbuch (UTB). 3 Bände. München, 1982.
Kenneth Muir/Samuel Schoenbaum (Hrsg.): Shakespeare. Eine Einführung. Stuttgart, 1972.
Marvin Spevack: The Harvard Concordance of Shakespeare. Hildesheim, 1973.

Bibliographie und Hintergrund

E. K. Chambers: William Shakespeare. A Study of Facts and Problems. 2 Bände. Oxford, 1930.
Andrew Gurr: The Shakespeare Stage, 1574–1642. Cambridge, 1. Auflage 1980.
Andres Gurr: Playgoing in Shakespeare's London. Cambridge, 1987.
Kurt Kluxen: Geschichte Englands. Stuttgart, 1976.
Samuel Schoenbaum: William Shakespeare. A Compact Documentary Life. Oxford, 1977.
Ulrich Suerbaum: Das elisabethanische Zeitalter. Stuttgart, 1989.
E. M. W. Tillyard: The Elizabethan World Picture. London, 1943.

Gesamtdarstellungen und Studien

Wolfgang Clemen: Shakespeares Bilder. Ihre Entwicklung und ihre Funktion im dramatischen Werk. Bonn, 1936.
Werner Habicht u. a.: Shakespeare-Kommentar zu den Dramen, Sonetten, Epen und kleineren Dichtungen. München, 1968.
Wolfgang Iser: Shakespeares Historien. Genesis und Geltung. Konstanz, 1988.
François Laroque: Shakespeare et la fête. Paris, 1988.
Dieter Mehl: Die Tragödien Shakespeares. Eine Einführung. Berlin, 1983.
Ulrich Suerbaum: Shakespeares Dramen. Düsseldorf, 1980.
Robert Weimann: Shakespeare und die Tradition des Volkstheaters. Soziologie, Dramaturgie, Gestaltung. Berlin, 1975.

Verwendete Literatur

Raimund Borgmeier: Shakespeares Stücke – Vielfalt und Fülle. © beim Autor.
William Shakespeare: König Richard III.; aus: Sämtliche Werke. Übersetzung von Friedrich Schlegel und Ludwig Tieck, Heidelberg.
William Shakespeare: Romeo und Julia. Ebd.
William Shakespeare: Ein Sommernachtstraum. Ebd.
William Shakespeare: Der Kaufmann von Venedig. Ebd.
William Shakespeare: König Heinrich IV. Erster Teil. Ebd.
William Shakespeare: Was Ihr Wollt. Ebd.
William Shakespeare: Hamlet. Ebd.
William Shakespeare: Troilus und Cressida. Ebd.
William Shakespeare: Othello. Ebd.
William Shakespeare: Antonius und Cleopatra. Ebd.
William Shakespeare: König Lear. Ebd.
William Shakespeare: Macbeth. Ebd.
William Shakespeare: Das Wintermärchen. Ebd.
William Shakespeare: Der Sturm. Ebd.
Raimund Borgmeier: Shakespeare auf der Bühne. © beim Autor.
Hans Walter Gabler: Shakespeare Opern; aus: Ina Schabert (Hrsg.): Shakespeare-Handbuch. © 1992 Alfred Kröner Verlag, Stuttgart.
Günther Erken: Shakespeare in Film; aus: Ina Schabert (Hrsg.): Shakespeare-Handbuch. Ebd.
Raimund Borgmeier: Die nicht-dramatischen Dichtungen. © beim Autor.
Shakespeare Sonette 18 und 60; aus: Stefan George. Werke in Zwei Bänden. Herausgegeben von Robert Boehringer. Band 2. © Klett-Cotta, Stuttgart, 4. Auflage 1984.
Shakespeare Sonette 116; aus: Rudolf Alexander Schröder, Gesammelte Werke, Band 1. © Suhrkamp Verlag am Main 1952.
Raimund Borgmeier: Shakespeare-Kritik in Deutschland. © beim Autor.
Johann Christoph Gottsched: Beyträge zur Critischen Historie der Deutschen Sprache, Poesie und Beredsamkeit (1741).
Johann Jakob Bodmer: Von den Gemählden der Unsichtbaren Dinge (1741).
Friedrich Nicolai: Von der Schaubühne der Deutschen (1755).
Moses Mendelssohn: Anmerkungen über Shakespeare. Briefe, die neueste Literatur betreffend (1762).
Gotthold Ephraim Lessing: Hamburgische Dramaturgie: 73. Stück (1767 – 1769).
Christoph Martin Wieland: Der Geist Shakespeares: Akademie-Ausgaben XXI (1773).
Johann Wolfgang v. Goethe: Zum Schäckespears Tag (1771).
Friedrich Schiller: Schillers Sämtliche Werke (1793).
Johann Wolfgang v. Goethe: Shakespeare und kein Ende! (1815 – 1826).
Johann Wolfgang v. Goethe: Gespräche mit Eckermann, 25. 12. 1825.
Friedrich Schlegel: Geschichte der alten und neuen Literatur (1812).
Flathe: Shakespeare in seiner Wirklichkeit (1863).
Elze: Shakespeare's Geltung für die Gegenwart (1866).
Vischer: Shakespeare-Vorträge (1899).
Clemen: Wie sollen wir ein Drama von Shakespeare lesen?; aus: Shakespeare – Kommentar zu den Dramen, Sonetten, Epen und kleinen Dichtungen. © Winkler Verlag, München 1967.
Suerbaum: Der deutsche Shakespeare. Übersetzungsgeschichte und Übersetzungstheorie (1972).
Raimund Borgmeier: Die moderne Shakespeare-Forschung. © beim Autor.
Martina Reitz: Das Globe Theatre. © bei der Autorin.

Bildnachweis

Umschlag
Vorderseite: Porträt Shakespeares, genannt „Flower". Stratford-upon-Avon, Royal Shakespeare Theatre Collection.
Ansicht der Innenstadt von London. Stich von Claes Jansz. Visscher de Jonghe aus dem Jahr 1616. Department of Prints and Drawings, British Museum, London.
Buchrücken: Ein Schriftsteller oder ein „Homme de lettres"; aus „Album Amicorum", um 1616. Ebd. Photo: British Library, London.
Rückseite: Titelseite des „Premier Folio" von 1623 mit einem gestochenen Porträt William Shakespeares von Martin Droeshout. Oxford, Bodleian Library.

Bildvorspann
1   Porträt James I. von England; aus: „Album Amicorum", um 1616. London, British Library.
2 – 3   „Auf dem Hügel"; aus: „Album Amicorum" des Michael van Meer, um 1615. Edinburgh University Library.
4 – 5   Der Tower von London. Ebd.
6 – 7   Das Schloß Windsor. Ebd.
8 – 9   Londoner Straßenszene. Ebd.
11   Porträt William Shakespeares, „Chandos" genannt. Anonymes Gemälde. London, National Portrait Gallery.

Erstes Kapitel
12   Theater auf dem Jahrmarkt. Gemälde von David Vinckboons. Photo: Gallimard, Paris.
13   Kolorierter Stich; aus: Hieronymus Book, „De stirpium, maxime earum quae in Germania nostra nascuntur", 1552. Photo: Ebd.
14   Karte von England von Christopher Saxton aus dem Jahr 1579. London, Royal Geographical Society. Photo: Bridgeman Art Library.
15   Handschuhmacher. Stich; aus: Hartmann Schopper, „Panoplia, omnium illiberalium, mechanicarum aut sedentarium artium", 1568. Photo: Gallimard, Paris.
16 – 17   (oben) Eintragung des Taufdatums William Shakespeares ins Kirchenregister der Kirche von

Stratford. Stratford-upon-Avon, Shakespeare Birthplace Trust.
16–17 (unten) Elisabethanische Schulszene. Anonymer Stich. Photo: Fotomas.
17 Frontispiz von „A Short Introduction To Grammar", 1607. Photo: Gallimard, Paris.
18–19 (oben) Illustrationen aus einem Heilkräutertraktat aus Elisabethanischer Zeit. Oxford, Bodleian Library. Photo: E. T. Archives.
18–19 (Mitte) Stickerei aus dem späten 16. Jahrhundert. London, Victoria and Albert Museum. Photo: Bridgeman Art Library.
18–19 (unten) Tiere. Stich; aus: George Tuberville, „The Noble Art of Venery", 1575. Photo: Gallimard, Paris.
20 Nashorn. Stich. Ebd.
21 (oben) Tapisserie von Oxburgh (Ausschnitt), 16. Jahrhundert. London, Victoria and Albert Museum. Photo: Bridgeman Art Library.
21 (Mitte) Ungeheuer. Stiche; aus: Edward Topsell, „The History of the Serpents", 1608. Photo: Gallimard, Paris.
21 (unten). Ebd.
22 Illustration aus: Guy Marchant, „Kalendar and Compost of the Sheperds", 1493. Photo: Ebd.
23 (oben) Prozession der Königin Elisabeth. Anonymer, kolorierter Stich. London, British Library.
23 (unten) Frau, die Geflügel zum Markt trägt. Illustration; aus: „Album Amicorum", um 1616. London, British Library.
24–25 (oben) Die Themse bei Richmond. Gemälde aus der flämischen Schule. Cambridge, Fitzwilliam Museum.
24–25 (Mitte) Musikanten. Stich; aus: Thoinot Arbeau, „L'Orchesographie, traite en forme de dialogue", 1538. Photo: Gallimard, Paris.
24–25 (unten) Fest beim Herzog von Hertford (Ausschnitte). Stich; aus: John Nichols, „Progress and Entertainments of Queen Elisabeth". Photo: Ebd.
26 Darstellung einer Szene des Jüngsten Gerichts aus der Guild Chapel in Stratford. Aquarell von Thomas Fisher, 1807. Washington D.C., Art Collection of the Folger Shakespeare Library.
27 (oben) Maskentänzer im Pferdekostüm. Anonymer Stich. Photo: Gallimard, Paris.
27 (unten) Tanz um den Maibaum. Stich aus d. Zeit Charles I. (1625–1649). Oxford, Bodleian Library.
28–29 (oben) Kartenspieler und Tafelszene in einem Wirtshaus. Anonymes Aquarell vom Anfang des 17. Jahrhunderts. Washington D.C., Art Collection of the Folger Shakespeare Library.
28–29 (unten) Schauspieler; aus: „Album Amicorum" von Moyses Walens. London, British Library.
30–31 Der Einzug der Infantin Isabella in Brüssel. Gemälde von Denis van Asloot aus dem Jahre 1615 (Gesamtes Gemälde und Ausschnitte). London, Victoria and Albert Museum.
32–33 Stifterbild zur Erinnerung an Sir Henry Unton. Anonymes Gemälde um 1596 (Gesamtes Gemälde und Ausschnitte). London, National Portrait Gallery.

34–35 Die Lebensalter. Anonymes Gemälde aus dem späten 16. Jahrhundert. Privatsammlung. Photo: Collection particulière.
35 Ein Fest auf Bermondsey. Gemälde von Georg Hoefnagel. Abbildung mit freundlicher Genehmigung der Marquess of Salisbury. Photo: Fotomas.
36 Frontispiz v. „Robin Goodfellow. His Mad Pranks and Merry Jests", 1639. Photo: Gallimard, Paris.
37 (oben) Hexe. Aquarellillustration aus einem Traktat über die Dämonologie aus dem Jahre 1621. London, British Library.
37 (unten) Dämonische Tiergestalten. Stiche aus dem Frontispiz von Matthew Hopkins „Discovery of Witches" aus d. Jahre 1647. Photo: Gallimard, Paris.
38 (oben und links) Moriskentänzer. Stich aus den „Works of Shakespeare", herausgegeben von Edmund Malone, 1790. Photo: Ebd.
38 (unten) Der Jahrmarkt auf dem Platz von Sankt Georg. Stich v. Pieter Bruegel, um 1560. Photo: Ebd.
39 (oben) Titelseite von Thomas Kyd: „The Spanish Tragedy" aus dem Jahre 1615. Photo: Ebd.
39 (links) Moriskentänzer. Stich; aus: „Works of Shakespeare", herausgegeben von Edmund Malone, 1790. Photo: Ebd.
39 (unten) Porät von Anne Hathaway. Anonyme Zeichnung. Colgate University Library.

Zweites Kapitel
40 Karte von London von Braun & Hogenberg aus dem Jahre 1572. London, Guildhall Library. Photo: Bridgeman Art Library.
41 Gottesdienst in der Saint-Pauls-Kathedrale. Anonymes Gemälde aus dem Jahre 1616. London, Society of Antiquaries.
42–43 (unten) Ansicht von London. Anonymes Aquarell, 1588. London, British Library.
43 (oben) Der Lordchancellor von London; aus: „Album Amicorum" um 1622. Ebd.
44–45 (oben) London, von Greenwich aus gesehen. Gemälde aus der flämischen Schule um 1620. Museum of London. Photo: Bridgeman Art Library.
44–45 (unten) Titelseite von John Taylor: „The Fearful Summer", 1636. Photo: Gallimard, Paris.
46 (Mitte) Der Tower von London. Stich von Wencelaus Hollar. Department of Prints and Drawings. London, British Museum.
46–47 (unten) Ansicht der Londoner Innenstadt. Stich von Claes Jansz. Visscher de Jonghe aus dem Jahre 1616. Ebd.
47 (oben) Barke auf der Themse vor der Tower Bridge. Aus dem Album Amicorum des Michael van Meer, um 1615. Edinburgh University Library.
48 (oben) First Folio Cards. Louisa Hare.
48 (unten) Titelseite von Christopher Marlowe: „Doctor Faustus", 1616. Photo: Gallimard, Paris.
49 Stich; aus: John Boys: „Works", 1622.
50 Mutmaßliches Porträt Christopher Marlowes aus dem Jahre 1585. Masters, Fellows and Scholars of Corpus Christi College, Cambridge.
51 Portr. William Shakespeares, „Chandos" genannt. Anon. Gemälde. London, National Portrait Gallery.

52 (oben) Öffentliche Hinrichtung. Stich aus: Raphael Holinshead, „Chronicles of England and Scotland", 1577. Photo: Gallimard, Paris.
52 (unten) First Folio Cards. Louisa Hare.
53 (oben) First Folio Cards. Louisa Hare.
53 (unten) Venezianische Gondel; aus: „Album Amicorum" des Moyses Walens. London, British Library.
54 (oben) Porträt Lord Stranges. Privatsammlung.
54 (unten) Drei Hexen. Stich aus: V. Cartari; Images des Dieux„, 1610. Photo: Gallimard, Paris.
55 (oben) Kampfszene; aus: „Album Amicorum" des Michael van Meer, um 1615. Edinburgh University Library.
55 (unten) Auszug aus dem Register von Henslowe. Photo: Dulwich College.
56 (oben) Pyramus und Thisbe. Stich aus: Ovid, „Die Metamorphosen" in der Ausgabe von 1538. Photo: Gallimard, Paris.
56 (unten) Aufführung von „Titus Andronicus". Zeichnung von Henry Peacham. Abbildung mit freundlicher Genehmigung der Marquess of Bath, Longleat House, Warminster, Wiltshire. Photo: Marquess of Bath.
57 (oben) Titelseite von „The Rape of Lucrece", 1594. Photo: Gallimard, Paris.
57 (unten) Titelseite von „Titus Andronicus", 1594. Washington D.C., Folger Shakespeare Library.
58 (oben) Porträt des Grafen von Southampton. Anonymes Gemälde. Sammlung des Herzogs von Buccleuch und Queensberry KT.
58–59 Dokument, das William Shakespeare das Führen eines eigenen Wappens gestattet, aus dem Jahre 1596. London, Sammlung der Waffen und der Wappen. Photo: College of Arms, London.
59 Wappen der Familie Shakespeare. Photo: Gallimard, Paris.

Drittes Kapitel

60 Das Globe Theatre. Aquarell, 18. Jahrhundert, nach einem Stich von Visscher de Jonghe von 1616. London, Department of Prints and Drawings, British Museum.
61 Porträt Tom Skeltons. Kopie eines anonymen Gemäldes von 1659–1665. Shakespeare-Institut, The University of Birmingham.
62–63 (unten) Stadtplan von London, auf dem die Theater verzeichnet sind.
62 (oben) Ansicht Londons mit dem Hoftheater, um 1597. Stich von Abram Booth. Utrecht, Bibliothek der Rijksuniversiteit.
62 (unten) Das Theater „The Swan". Karte von Paris Garden Manor, 1627. Greater London Record Office.
63 (oben) Karte von John Norden: „Civitas Londini", 1600. Photo: Gallimard, Paris.
64 (oben) Das Globe Theatre. Aquarell v. George Shepherd. London, Department of Prints and Drawings, British Museum. Photo: E. T. Archives.
64–65 (unten) Kämpfe zwischen Bären, Stieren und Hunden im Fechthaus zu Nürnberg. Stich, 1689. Photo: Gallimard, Paris.
65 (oben) Karte von London um 1570 von Ralph Agas, publiziert 1633. Photo: Ebd.

66–67 Hahnenkampf; aus: „Album Amicorum" des Michael van Meer, um 1615. Edinburgh University Library.
68 Das Innere des Theaters „The Swan". Nach einer Zeichnung von Johannes de Witt von 1596. Utrecht, Bibliothek der Rijksuniversiteit.
69 (oben) Rekonstruktion des Theaters „The Rose". Gemälde von C. Walter Hodges. Museum of London.
69 (unten) Zeichnung von Philip Henslowe (vielleicht die Kulissen eines Theaters). London, Dulwich College.
70 Kulissen in einem imaginären Theater. Stich aus Robert Fludd: „Microcosmi Historia" Band II, 1619. Photo: Gallimard, Paris.
71 (oben) Ausschnitt aus der Titelseite von William Alabaster: „Roxana", 1632. Photo: Ebd.
71 (unten) First Folio Cards. Louisa Hare.
72 (oben) Ausschweifendes Gelage. Stich von S. Bateman. Photo: E. T. Archives.
72 (unten) Ein Schauspieler (vielleicht John Green) in der Rolle des „Nemo". Aquarell um 1608. Rein, Stiftsarchiv.
73 (links) Porträt von John Lowin. Anonymes Gemälde um 1640. Oxford, Ashmolean Museum.
73 (Mitte) Porträt William Slys. Anonymes Gemälde. London, Dulwich Picture Gallery.
73 (rechts) Porträt Nathan Fields. Anonymes Gemälde. Ebd.
74–75 Titelseite von Francis Kirkman: „The Wits", 1673. Photo: E. T. Archives.
75 (oben) Richard Tarlton, Buchillustration von John Scottowe, 1588. Photo: London, British Library.
76 (oben) Titelseite von Thomas Kemp: „Kemps Nine Daies Wonder", 1600. Oxford, Bodleian Library.
76 (unten) Wirtshausszene; aus: „Album Amicorum", um 1616. London, British Library.
77 Possenreißer. Tafelbild, gemalt von Lady Drury in Hawstead House nahe Bury St. Edmunds. Christchurch Mansion, Ipswich Borough Museums and Galleries.
78–81 Ebd.
82 Duell mit Schwertern. Aus dem „Album Amicorum", um 1616. London, British Library.
83 (oben) Porträt Richard Burbages. Anonymes Gemälde. London, Dulwich Picture Gallery.
83 (unten) First Folio Cards. Louisa Hare.
84 (oben) Textauszug; aus: Francis Meres, „Palladis Tamia": Wirs Treasury, 1598. Oxford, Bodleian Library.
84 (unten) Titelseite der „Sonnets" von William Shakespeare in der Auflage von 1609. Photo: Gallimard, Paris.
85 (links) First Folio Cards. Louisa Hare.
85 (rechts) Titelseite von „A Midsummer Nights Dream" in der Auflage von 1600. London, British Library.
85 (unten) Londoner Straßenszene; aus: „Album Amicorum" um 1620. Photo: Ebd.
86 Porträt Shakespeares, genannt „Flower". Stratford-upon-Avon, Royal Shakespeare Theatre Collection.

87 (oben links) Porträt Shakespeares, genannt „Ely Palace". Stratford-upon-Avon, Shakespeare Birthplace Trust.
87 (oben rechts) Porträt Shakespeares. Washington D.C., Art Collection of the Folger Shakespeare Library.
87 (unten) Porträt Shakespeares, Gerard Soest zugeschrieben. Stratford-upon-Avon, Shakespeare Birthplace Trust.
88 Buchdrucker. Stich; aus: Edmund Rive, „Twelve Rules. Intruduction to the Art of Latin", 1620. Photo: Gallimard, Paris.
89 (oben) Bibliothek. Stich; aus: John Amos Comenius, „Orbis Sensualium", 1689. Photo: Ebd.
89 (unten) Ein Schriftsteller oder ein „Homme de lettres"; aus: „Album Amicorum" um 1616. London, British Library.

Viertes Kapitel
90 Königin Elisabeth im Hafen von Tilbury. Anonymes Gemälde. St. Faith's Church. Gaywood, Kings Lynn, Norfolk. Photo: Bridgeman Art Library.
91 Porträt Königin Elisabeths. Miniatur von Isaac Oliver. London, Victoria and Albert Museum. Photo: Ebd.
92 (oben) Die „Armada Jewel" von Nicholas Hilliard. London, Victoria and Albert Museum. Photo: E. T. Archives.
93 (oben). Ebd.
92–93 Porträt Königin Elisabeths. Anonymes Gemälde um 1588. Woburn Abbey Collection, mit freundlicher Genehmigung der Marquess of Tavistock and Trustees of the Bedford Estates. Photo: Bridgeman Art Library.
94 (oben links) Porträt Königin Elisabeths. Gemälde Quentin Metsys'. Pinacoteca di Siena.
94 (oben rechts) Porträt Königin Elisabeths um 1575. Anonymes Gemälde. London, National Portrait Gallery.
94 (unten links) Porträt Königin Elisabeths. Nicholas Hilliard zugeschriebenes Gemälde. Ebd. Photo: Scala.
94 (unten rechts) Porträt Königin Elisabeths. Marcus Gheeraerts zugeschriebenes Gemälde um 1600. Mit freundlicher Genehmigung der Marquess of Salisbury. Photo: Fotomas.
95 Porträt Königin Elisabeths, genannt „Ditchley". Gemälde von Marcus Gheeraerts um 1590. London, National Portrait Gallery.
96–97 Allegorisches Porträt der Königin Elisabeth mit Juno, Minerva und Venus. Anonymes Gemälde, 1569. Königliche Sammlungen. © Her Majesty the Queen.
98 (oben) Elisabethanisches Festbankett. Anonymes Gemälde. Wiedergabe mit freundlicher Genehmigung des Viscount De L'Isle, MBE. Privatsammlung. Photo: Viscount De L'Isle, Pensturst Place.
98 (unten) Ritter beim Turnier. Stiche; aus: Joseph Strutt, „The Sports and Pastiments of England", 1831. Photo: Gallimard, Paris.
99 (unten). Ebd.

99 Porträt des Grafen von Sussex. Anonymes Gemälde, 1593. London, The Board of Trustees of the Royal Armories.
100 (oben) „Wilder Mann". Stich; aus: Joseph Strutt, „The Sports and Pastiments of England", 1831. Photo: Gallimard, Paris.
100 (unten) Elisabethanisches Gedicht, gesetzt in Pyramidenform.
101 (oben) Nonesuch Palace von Georg Hoefnagel, 2. Hälfte des 16. Jahrhunderts. Department of Prints and Drawings. London, British Museum. Photo: Bridgeman Art Library.
101 (unten) Die Kosmogonie des Ptolemaios. Stich von Andrew Border: „First Book of Introduction to Knowledge", 1542. Photo: Gallimard, Paris.
102 (oben) Gartenszene. Ausschnitt aus einem Gemälde von Joos de Momper, 1633. London, National Gallery.
102–103 (unten) Labyrinthskizzen. Zeichnung Thomas Trevelyons für einen Garten aus dem frühen 17. Jahrhundert. Privatsammlung. Photo: Cellection particulière.
103 (oben) Gartenanlagen. Stich aus: William Lawson, „New Orchard and Garden", 1618. Photo: Gallimard, Paris.
103 (unten links) Labyrinthskizzen. Zeichnung Thomas Trevelyons aus dem frühen 17. Jahrhundert. Privatsammlung. Photo: Collection particulière.
104 (oben) Porträt Robert Fludds. Stich aus: Robert Fludd, „Philosophia Sacra", 1626. Photo: Gallimard, Paris.
104 (unten) Allegorie Königin Elisabeths. Stich aus: John Case, „Spaera Civitatis", 1588. Photo: Ebd.
105 Manuskript eines Traktats über die Tierkreiszeichen. Um 1480. London, British Library.
106 Porträt eines jungen, melancholischen Mannes. Gemälde von Isaac Oliver um 1590. Königliche Sammlungen. © Her Majesty the Queen.
106–107 Stich; aus: Ambroise Paré, „Works of Ambrose Parey" in der Übersetzung von Thomas Johnson, 1634. Photo: Gallimard, Paris.
107 (oben) Porträt John Dees. Gemälde aus der englischen Schule. Oxford, Ashmolean Museum.
107 (unten) „Wilder Mann". Stich; aus: Ambroise Paré, „The Works of Ambrose Parey" in der Übersetzung von Thomas Johnson, 1634. Photo: Gallimard, Paris.

Fünftes Kapitel
108 Titelseite von „Comedies, Histories & Tragedies" von William Shakespeare mit einem gestochenen Porträt von Martin Droeshout. Oxford, Bodleian Library.
109 Porträt König James I. Gemälde von John Decritz d. Ä. London, Roy Miles Fine Paintings. Photo: Bridgeman Art Library.
110 Porträt James I.; aus: „Album Amicorum" von Michael van Meer. Edinburgh University Library.
111 (oben und unten) Beerdigung Königin Elisabeths. London, British Library. Photo: Bridgeman Art Library.

112 (oben) First Folio Cards. Louisa Hare.
112–113 Prozession zum Parlament; aus: „Album Amicorum" von Michael van Meer. Edinburgh University Library.
113 Die Pulververschwörung unter Guy Fawkes. Stich, 1625. London, Department of Prints and Drawings, British Museum.
114 (oben) Porträt Ben Johnsons. Gemälde nach Abraham van Blyenberch. London, National Portrait Gallery.
114 (unten) Titelseite von „Daemonologie, in Forme of a Dialogue" von 1597. Photo: Gallimard, Paris.
115 (links und rechts) Aquarelle von Inigo Jones, Schauspieler in ihren Kostümen darstellend. Abbildung mit freundlicher Genehmigung der Trustees of the Chatsworth Settlement.
116 Porträt Sir Walter Raleighs. Miniatur von Nicholas Hilliard, um 1585. London, National Portrait Gallery.
117 (oben) Karte von Virginia; aus: Janszoon Blaeu, „Theatrum Orbis Terrarum, cive Atlas Novus", 1649–1655. London, British Library.
117 (unten) Kannibalenmahl. Stich; aus: S. Grynaeus, „Novus Orbis", 1532. Photo: Gallimard, Paris.
118 First Folio Cards. Louisa Hare.
119 (oben links) Kulissenboiserien aus dem Großen Saal des Middle Temple, London, 1574. Photo: Gallimard, Paris.
119 (oben rechts) Kulissenboiserien aus d. Großen Saal von Charterhouse, London, 1571. Photo: Ebd.
119 (unten) First Folio Cards. Louisa Hare.
120 New Place. Zeichnung von George Vertue. London, British Library.
121 Szene aus „Heinrich VIII.". Harlow, Garrick Club, London. Photo: E. T. Archives.
122–123 Szene aus „Hamlet". Gemälde von Daniel Maclise. London, Tate Gallery. Photo: Ebd.
124–125 Bankettszene; aus: „Macbeth". Gemälde von Daniel Maclise. Garrick Club, London. Photo: Ebd.
126 Das Shakespeare-Denkmal in der Kirche von Stratford. Photo: Bridgeman Art Library.
126–127 Unterschrift Shakespeares am Schluß seines Testaments. London, Public Record Office.
127–128 Inhaltsverzeichnisse früher Ausgaben von Shakespeares Bühnenwerken.

Zeugnisse und Dokumente
129 Klaus Maria Brandauer in der Titelrolle des Hamlet. Inszenierung des Wiener Burgtheaters 1985/86. Photo: Axel Zeininger.
130 Faksimilie der Ausgabe der Sonette Shakespeares, London 1609.
133 Kenneth Branagh in der Titelrolle Heinrich V. (1984). Photo: Viscount De I'Isle, Penshurst Place.
135 „Richard III.", inszeniert von R. Lavandant (1984). Photo: Enguerrand, Paris.
136 „Romeo und Julia" in der Bochumer Inszenierung von Wolf Redl (1987) mit Thomas Wittmann als Romeo (rechts), Stefan Hunslein als Mercutio (links) und Elmar Nettekoven als Benvoglio. Photo: Klaus Lefèbvre.

137 Johann Heinrich Füssli, „Titania und Zettel", Gemälde. London Tate Gallery. Photo: Bridgeman Art Library.
138 Otis Skinner als Shylock „Der Kaufmann von Venedig" (1903). Photo: Shakespeare Brithplace Trust, Stratford-upon-Avon.
139 James Hackett als Falstaff in „Heinrich IV." (1832). Photo: Ebd.
141 Jean Forbes-Robertson als Viola und Gladys Cooper als Olivia in „Was Ihr Wollt" (1939). Photo: Ebd.
144 Die Szene Ajax-Thersites in Hans Schallas Inszenierung von „Troilus und Cessida" (1963/64) mit Heinz-Theo Branding (links) und Walter Uttendörfer. © Schauspielhaus Bochum.
145 Laurence Olivier ind er Titelrolle Othello (1965). Photo: British Film Insitute, London.
147 Antonuis (Peter Rogisch) und Cleopatra (Barbara Petritsch) in der Inszenierung von Frank-Patrick Steckel im Bochumer Schauspielhaus 1987. Photo: Klaus Lefèbvre.
148 James Barry: König Lear, die Leiche Cordelias beweinend; Gemälde. Photo: Viscount de L'Isle, Penshurst Place.
151 Ilse Ritter, Branko Samarowski und Traugott Buhre in der Bochumer Inszenierung des „Wintermärchens" (1982). Photo: Thomas Lothar Eichhorn.
153 Das Swan Theatre in Stratford. Photo: Nicholas Sargeant.
156 „Othello" in der Opernfassung von Guiseppe Verdi, Plakat. Photo: Viscount De L'Isle, Penshurst Place.
158 Orson Welles in „Falstaff" (1966). Photo: Cahiers du Cinéma.
160 „Ein Sommernachtstraum" von Hans Neumann (1925). Photo: British Film Institute, London.
162 John Gielgud in „Prosperos Bücher" von P. Greenaway (1991). Photo: Cahiers du Cinéma.
164 Shakespeares Schule in Stratford-upon-Avon. Photo: Edwin Smith.
165 (links) Shakespeare Sonette, Faksimile der Ausgabe London 1609.
165 (rechts) Faksimile der Titelseite von Shakespeares Sonetten in der Umdrichtung von Stefan George. Berlin 1922.
168 Shakespeare-Denkmal in Weimar. © Archiv für Kunst und Geschichte, Berlin.
170 Johann Christoph Gottsched, Kupferstich.
171 Titelkupfer zu Gotthold Ephraim Lessings „Hamburgische Dramaturgie" (1767–1769).
172 Johann Wolfgang v. Goethe, Ölgemälde von Joseph K. Stieler (1828). Neue Pinakothek, München.
176 Ansicht des alten Globe Theatre. Stich aus dem 17. Jahrhundert. © Shakespeare's Globe, London.
178 Zeichnung des rekonstruierten Globe Theatre nach den Plänen von Sam Wanamaker. © Ebd.
179 Der Schriftsteller, Holzschnitt (16. Jh.). Photo: Gallimard, Paris.
180 David Garrick in der Titelrolle König Lear (1761). Photo: Shakespeare Birthplace Trust, Stratford-upon-Avon.

Register

Inhalt